SV

Band 571 der Bibliothek Suhrkamp

Karl Kraus
Über die Sprache

Glossen, Aphorismen und Gedichte

Auswahl und Nachwort
von Heinrich Fischer

Suhrkamp Verlag

Die vorliegende Auswahl erschien als Band 688
der Insel-Bücherei unter dem Titel *Die Sprache*

Erste Auflage 1977

Druck: Nomos Verlagsgesellschaft, Baden-Baden
Printed in Germany

Über die Sprache

Wer nichts der Sprache vergibt, vergibt nichts der Sache.

Die deutsche Sprache ist die tiefste, die deutsche Rede die seichteste.

In keiner Sprache kann man sich so schwer verständigen wie in der Sprache.

Umgangssprache entsteht, wenn sie mit der Sprache nur so umgehn; wenn sie sie wie das Gesetz umgehen; wie den Feind umgehen; wenn sie umgehend antworten, ohne gefragt zu sein. Ich möchte mit ihr nicht Umgang haben; ich möchte von ihr Umgang nehmen; die mir tags wie ein Rad im Kopf umgeht; und nachts als Gespenst umgeht.

Die Sprache tastet wie die Liebe im Dunkel der Welt einem verlorenen Urbild nach. Man macht nicht, man ahnt ein Gedicht.

Jeder Satz müßte so oft gelesen werden, als Korrekturen sein Wachstum von der Handschrift bis zur Lektüre begleitet haben. Doch um dem Leser zu ersparen, was ihm über Kraft und Glauben geht, möchte ich jeden Satz in den zehn Verwandlungen erscheinen lassen, damit das Ganze endlich immer noch weniger gelesen als verstanden werde. Dies wäre ein in der Literatur seltener Fall. Es könnte aber von einem Nutzen sein, der den Schaden eines Jahrhunderts leicht kapierter Meinung und Unterhaltung aufwiegt.

Meine Hilflosigkeit wächst mit der Vollendung des Geschriebenen. Je näher ich an das Wort herantrete, desto mehr blutet es wie der Leichnam vor dem Mörder. Dieses Bahrgericht erspare ich mir nicht, und bedecke die Ränder einer Korrektur, der fünfzehn sorglose voraufgegangen sein mögen, mit Zeichen, die wie Wundmale sind. Ich habe immer mindestens zwei Wege, und es wäre am besten, beide und alle zu gehen. Ich werde es wohl auch noch über mich bringen, den Satz in verschiedenen Fassungen hinzusetzen, zum Nutzen des Lesers, der so gezwungen wird, einen Satz einige Male zu lesen, und zur weitesten Entfernung von jenen, die nur nach der Meinung schnappen. Bis dahin muß ich die Verantwortung für den besten von allen guten Wegen immer dem überlassen, den ich frage. Seine mechanische Entscheidung würde mir genügen, aber da ich ihm aus ähnlicher Lage viel besser helfen könnte als er mir, so mache ichs uns nicht so einfach und stürze ihn so tief in den Abgrund meiner Zweifel, daß ich an seinem Zustand sicher werde, ihn rette und so auch mich.

Was vom Stoff lebt, stirbt vor dem Stoffe. Was in der Sprache lebt, lebt mit der Sprache.

Die Sprache

Mit heißem Herzen und Hirne
naht' ich ihr Nacht für Nacht.
Sie war eine dreiste Dirne,
die ich zur Jungfrau gemacht.

Weil ich den Gedanken beim Wort nehme, kommt er.

Ich habe manchen Gedanken, den ich nicht habe und nicht in Worte fassen könnte, aus der Sprache geschöpft.

Der Drucker setzte: ›in Worten fassen könnte‹. Im Gegenteil und folglich: Ich habe manchen Gedanken, den ich nicht in Worte fassen könnte, in Worten gefaßt.

Man kann einen Leitartikel, aber kein Gedicht übersetzen. Denn man kann zwar nackt über die Grenze kommen, aber nicht ohne Haut, weil die im Gegensatz zum Kleid nicht nachwächst.

Die Sprache hat in Wahrheit der, der nicht das Wort, sondern nur den Schimmer hat, aus dem er das Wort ersehnt, erlöst und empfängt.

Dem von der Natur kultivierten Menschen wird das Spracherlebnis um so näher gerückt sein, je weiter er von der Fertigkeit lebt, sich der Sprache als eines Verkehrsmittels zu bedienen. Schlechtes Sprechen auf solcher menschlichen Höhe läßt sprachschöpferischen Kräften Raum. Das Kind und die natürliche Frau teilen mit dem Genie den Vorzug, sich vom Talent in der Fähigkeit des Ausdrucks und der Verständigung beschämen zu lassen. Eine Frau, die auf eine so außerordentliche Art schlecht deutsch sprach, bewies die reinste Anschauung der Wortinhalte, indem sie etwa:

Zweige, die abzuschneiden waren, ›abzweigen‹ wollte, einen Brief, den man ihr aufsetzen und niederschreiben sollte, ›niedersetzen‹ ließ, eine Angelegenheit, die verschlechtert wurde und nunmehr Ärger schuf, ›verärgert‹ fand, und eine solche, hinter der man stehen müsse, um sie zu betreiben, zu ›hintertreiben‹ empfahl. Sie erkannte den Zweck des Schöntuns als ›Schmeichelleckerei‹ und sagte von einem Advokaten, der nur mit geringen Streitsachen betraut war, daß er ›dazu da sei, die kleinen Metzeleien auszuraufen‹. Am Automobil wünschte sie einen ›Gleitrutsch‹ angebracht, und die Wahrnehmung, daß bei einer Fahrt eine Wegwende, die nach dem Ort Bremgarten wies, überfahren sei, ließ sie den Namen und die Nötigung, zurückzufahren, schnell in den Ausruf: ›Halt, Bremsgarten!‹ zusammenpacken. Kinder erfassen noch diese wortbildernische Gelegenheit, erleben die schöne Sprachnähe und Sprechentferntheit; wenn sie nicht zufällig in Berlin geboren sind, wo die Jugend schnell fertig ist mit dem Wort, nachdem sie wie dieses als Fertigware zur Welt gekommen ist.

Das Hauptwort ist der Kopf, das Zeitwort ist der Fuß, das Beiwort sind die Hände. Die Journalisten schreiben mit den Händen.

Im Halbschlaf erledige ich viel Arbeit. Eine Phrase erscheint, setzt sich auf die Bettkante und spricht mir zu. Die Situation, die sie herbeigerufen hat, ist die denkbar unpassendste. Einer etwa speit und sagt hinterher: »Kommentar überflüssig.« Wenn Gesichter im

Raum sind, weiß ich, daß ich schlafen werde. Vorher treiben sie Allotria. Nichts ist ihnen heilig. Sie sprechen und gestikulieren in einer Art, daß mir bald Hören und Sehen vergehen wird. Einer hat Lippen, von denen ihm beim Sprechen die Bildung herunterrinnt. Und so etwas wagt Goethe zu zitieren. Halb erinnere ich mich, womit ich mich am Schreibtisch beschäftigt habe. Halb an ein Abenteuer in Czernowitz, wo einer beim Kartenverkauf gut abschnitt. Den Widerstand der Zeit gegen die neue Lyrik begriff ich nunmehr in dem Wort, das die Stimme eines alten ehrlichen Juden, dem man nichts beweisen kann, neben mir sagte: »Ich hab gern über allen Gipfeln Ruh.«

Dem Kampf gegen das Welsche scheint eine heimliche Sympathie für das Kauderwelsche zugrunde zu liegen.

Das Unverständliche in der Wortkunst – in den anderen Künsten verstehe ich auch das Verständliche nicht – darf nicht den äußeren Sinn berühren. Der muß klarer sein, als was Hinz und Kunz einander zu sagen haben. Das Geheimnisvolle sei hinter der Klarheit. Kunst ist etwas, was so klar ist, daß es niemand versteht. Daß über allen Gipfeln Ruh' ist, begreift jeder Deutsche und hat gleichwohl noch keiner erfaßt.

Je näher man ein Wort ansieht, desto ferner sieht es zurück.

In mir empört sich die Sprache selbst, Trägerin des empörendsten Lebensinhalts, wider diesen selbst. Sie höhnt von selbst, kreischt und schüttelt sich vor Ekel. Leben und Sprache liegen einander in den Haaren, bis sie in Fransen gehen, und das Ende ist ein unartikuliertes Ineinander, der wahre Stil dieser Zeit.

In der Sprachwissenschaft muß ein Autor nicht unfehlbar sein. Auch kann die Verwendung unreinen Materials einem künstlerischen Zweck frommen. Ich vermeide Lokalismen nicht, wenn sie einer satirischen Absicht dienen. Der Witz, der mit gegebenen Vorstellungen arbeitet und eine geläufige Terminologie voraussetzt, zieht die Sprachgebräuchlichkeit der Sprachrichtigkeit vor, und nichts ist ihm ferner als der Ehrgeiz puristischen Strebens. Es geht um Sprachkunst. Daß es so etwas gibt, spüren fünf unter tausend. Die anderen sehen eine Meinung, an der etwa ein Witz hängt, den man sich bequem ins Knopfloch stecken kann. Von dem Geheimnis organischen Wachstums haben sie keine Ahnung. Sie werten nur das Material. Die platteste Vorstellung kann zu tiefster Wirkung gebracht werden: sie wird unter der Betrachtung solcher Leser wieder platt. Die Trivialität als Element satirischer Gestaltung: ein Kalauer bleibt in ihrer Hand.

Der Wortwitz, als Selbstzweck verächtlich, kann das edelste Mittel einer künstlerischen Absicht sein, indem er der Abbreviatur einer witzigen Anschauung dient. Er kann ein sozialkritisches Epigramm sein.

Beim Witz ist die sprachliche Trivialität oft der Inhalt des künstlerischen Ausdrucks. Der Schriftsteller, der sich ihrer bedient, ist echter Feierlichkeit fähig. Das Pathos an und für sich ist ebenso wertlos wie die Trivialität als solche.

Die Form ist der Gedanke. Sie macht einen mittelmäßigen Ernst zum tieferen Witz. So, wenn ich sage, daß in ein Kinderzimmer, wo wilde Rangen spielen, ein unzerreißbares Mutterherz gehört.

Es ist unmöglich, einen Schriftsteller, dessen Kunst das Wort ist, zu imitieren oder zu plagiieren. Man müßte sich schon die Mühe nehmen, sein ganzes Werk abzuschreiben. Worte, die für sich bestehen, sich dem Gedächtnis des Durchschnitts einprägen und darum auch nicht den größten Wert haben, können abgenommen werden. Wie schal und leer wirken sie aber in der neuen Umgebung. Nicht wiederzuerkennen! Ein Witz, der als die naturnotwendige Äußerung eines Zorns entstanden ist, hat manchmal das Unglück, so locker zu sitzen, daß ihn jeder Lümmel abreißen kann, der vorübergeht. Die Blüte läßt sich pflücken und welkt rasch: ob sie nun ein Leser an seinen Hut steckt oder ein Literat an seinen blütenleeren Baum. Zwar müßte man besonders eifersüchtig auf solche Blüten sein. Denn das Publikum weiß nur von diesen. Daß ich ein paar üble Dinge berührt und dazu ein paar gute Witze gemacht habe, weiß mancher. Die besseren kann man nicht zitieren. Gelingt es dem Autor, einander entlegene Zeiterscheinungen, Gegenständliches und Hintergründliches, in einem Zuge so zusammenzufassen, daß der Gedanke ein abgekürztes Essay ist, dient der Sprachwitz selbst pathetischer Empfindung als Kompositionselement, so ist keine Aussicht auf Volkstümlichkeit vorhanden.

Man muß meine Arbeiten zweimal lesen, um ihnen nahe zu kommen. Aber ich habe auch nichts dagegen, daß man sie dreimal liest. Lieber aber ist mir, man liest sie überhaupt nicht, als bloß einmal. Die Kongestionen eines Dummkopfs, der keine Zeit hat, möchte ich nicht verantworten.

Man muß alle Schriftsteller zweimal lesen, die guten und die schlechten. Die einen wird man erkennen, die andern entlarven.

Er beherrscht die deutsche Sprache – das gilt vom Kommis. Der Künstler ist ein Diener am Wort.

Es gibt Schriftsteller, die schon in zwanzig Seiten ausdrücken, wozu ich manchmal sogar zwei Zeilen brauche.

Ein Aphorismus braucht nicht wahr zu sein, aber er soll die Wahrheit überflügeln. Er muß mit einem Satz über sie hinauskommen.

Lichtenberg gräbt tiefer als irgendeiner, aber er kommt nicht wieder hinauf. Er redet unter der Erde. Nur wer selbst tief gräbt, hört ihn.

Ich nähre mich von Skrupeln, die ich mir selbst zubereite.

Ich habe schon manches Stilproblem zuerst durch den Kopf, und dann durch Kopf und Adler entschieden.

Nachts am Schreibtisch, in einem vorgerückten Stadium geistigen Genusses, würde ich die Anwesenheit einer Frau störender empfinden als die Intervention eines Germanisten im Schlafzimmer.

Mein Ausdruck ist ganz und gar die Laune der Umwelt, in deren Schwall und Gedränge mir von Namen und Arten, Stimmen und Mienen, Erscheinungen und Erinnerungen, Zitaten und Plakaten, Zeitungen und Gerüchten, Abfall und Zufall das Stichwort zufällt und jeder Buchstabe zum Verhängnis werden kann. Darum ist mein Werk nie fertig und macht mir, wenn es fertig ist, Verdruß. Bis es unabänderlich wurde, hielt es seine Mängel verborgen, und weil es unabänderlich ist, entblößt es sie. Seine Fehler und was ihm fehlt. Die Wunden brechen auf, wenn der Täter herantritt. Auf die Tage der Lust waren die Tage der Angst gefolgt, denn was leicht geschrieben ist, muß schwer korrigiert sein; so schwer, daß die Hinausgabe zum unsäglichen Opfer wurde. Nun, da es geschehen, folgen die Tage der Reue. Eine Maschine ist mir über den Kopf gegangen; ich hätte ihr entfliehen können. Wer vom Buchstaben lebt, kann vom Buchstaben sterben, ein Versehen oder der Intellekt des Setzers rafft ihn hin. Was ist aber dieser Tod, über den man sich mit der Unvollkommenheit menschlicher Einrichtungen tröstet, was ist ein Betriebsunfall gegen den Schmerz der nachgeborenen Gedanken? Dort nahm der Zufall, was der Zufall gegeben hat; hier wagte er mir etwas vorzuenthalten. Hier rennt jeder Augenblick mit Hiobsposten aus aller Wortwelt an das Unabänderliche. Es sind Binnenkorrekturen, deren Leid sich erst wieder in Lust am nächsten Werk verwandelt, oder sich im Troste beruhigt, daß die menschliche Natur fast so unvollkommen sei wie eine menschliche Einrichtung. Denn es galt ja das Chaos anzubinden und den bewegten Inhalt so zu umfassen, daß er sich bewegend stehe. Wo aber auf dem Weg zur Endgiltigkeit wäre ein Ende? Hat sich das Wort mit der Welt eingelassen, so ist sie unendlich. Zur Welt gekommen, schafft es neue Welten, und das Angebot der Materie, ihr Werben um Erhörung, hört nimmer auf. Es heißt einen Strom auf zwei Armen in sein Haus tragen, und der Künstler ist der Zauberlehrling, nach dessen Willen die Schöpfung leben soll, seit Gott aus ihr sich doch einmal wegbegeben hat. Ach! und hundert Flüsse stürzen auf mich ein – Ach! Nun wird mir immer bänger! Welche Miene! welche Blicke! – Ach, ich merk' es! Wehe! Wehe! Hab' ich doch das Wort vergessen! . . . Vielleicht ist die Kunst, die mit Geistesstärke Wunder tun will, wie sie nur, zu seinem Zwecke, der alte Meister vermag, am Ende die beschämteste unter allen menschlichen Künsten. Vielleicht war solche Überhebung gar nicht Kunst. Aber ob Kunst so hoch sei wie ihr Wahn oder so klein wie ihr Anlaß: sie soll erkannt sein, damit man sie nicht für Zeitvertreib halte. Wie die unausgesetzte Lust des Weibes, an der gemeinsten Reibfläche sich entflammend, zwischen Ehrfurcht und Abscheu lebe, aber nicht zum Vergnügen. Was wissen Lebemänner und Journalisten davon! Ich aber weiß, daß die Kraft zu fühlen oder die Kunst zu sagen erst dort beginnt, wo die Gesellschaftsordnung verzichtet. Und ich weiß, was meine Abhängigkeit vom Staube wert ist. Irgendwie deutet hier etwas auf ein Urbild, das Menschenantlitz trug und später entstellt ward. Dieses Verwerten eines minderwertigen Materials, dieses Zuhilfekommen der Inspiration muß eine Beziehung haben. Diese konstante Anläßlichkeit, die aus der Mücke keinen Elefanten macht, aber ihr ihn assoziiert, wirkt den satirischen Überbau der vorhandenen Welt, die nur noch geschaffen scheint, ihn zu stützen, und mit all ihrer ruchlosen Vorhandenheit ihre Berechtigung tatsächlich erweist. Was aber der soziale Sinn an ihr auszusetzen findet, ist meinem Angriff entrückt, weil der Angreifer den Übeln entrückt ist, die der soziale Sinn für die wichtigeren hält. Denn was sich im Geist begibt, ist unbeträchtlich im Staat, dessen Dimensionen für die Probleme der Nahrung und Bildung geschaffen sind. Was die Gesellschaft nicht sieht, ist klein. Was sie nicht sehen könnte, besteht nicht. Wie klein ist ein Stern im Vergleich mit einem Orden; und was sich sonst im Kosmischen begibt, ist eine Ausflucht, wenn es sich um Politik handelt. Mir blutet das Weltbild von einem Kriegsbericht; und es ist gar nicht notwendig, daß die Humanität den Notschrei erhöre, den sie nicht hört und nicht verstünde, wenn sie ihn hörte.

Der Dichter schreibt Sätze, die kein schöpferischer

Schauspieler sprechen kann, und ein schöpferischer Schauspieler spricht Sätze, die kein Dichter schreiben konnte. Die Wortkunst wendet sich an Einen, an den Mann, an den idealen Leser. Die Sprechkunst an viele, an das Weib, an den realen Hörer. Zwei Wirkungsströme, die einander ausschalten. Der jahrhundertalte Wahnsinn, daß der Dichter auf die Bühne gehöre, bleibt dennoch auf dem Repertoire und wird jeden Abend vor ausverkauftem Haus ad absurdum geführt.

Ich weiß nicht, ob der Dichter etwas geträumt hat; aber von der Wirkung, die der Schauspieler mit der Umbiegung seines Wortes erzielen kann, hat er sich gewiß nichts träumen lassen. Und solche Leute sind so schamlos, das Geld einzustecken, das andere gegen sie verdient haben.

Wenn der Autor, ein ungeschminkter Zivilist, sich an der Hand des Schauspielers verbeugen kommt, so wird er zum Akteur einer Komödie, die auch nicht von ihm ist.

Die liberale Presse hausiert mit neu aufgefundenen Bemerkungen Lichtenbergs: gegen den Katholizismus und: ›wenn noch ein Messias geboren würde, so könnte er kaum so viel Gutes stiften, als die Buchdruckerei‹. Um sich aber mit Fug auf Lichtenberg zu berufen, wäre der Beweis nötig, daß er auch nach 125 Jahren noch derselben Ansicht ist. Wäre er's, er wäre nicht derselbe Mann. Den wahren Segen der Buchdruckerei hat er nicht erlebt. Denn er hat nicht nur nicht die Presse erlebt, sondern nicht einmal eine Drucklegung seiner Tagebücher, deren Tiefe dort, wo sie unverständlich ist, auf ihrem Grund Druckfehler hat, die die literarhistorischen Tölpel in Ehren halten, weitergeben und fortpflanzen. Darüber ließen sich ergötzliche Dinge erzählen, wenn nicht die Wehrlosigkeit des Geistes vor dem Druck eine so tragische Angelegenheit wäre wie die Ahnungslosigkeit einer Bildung, welche die ›Freigabe‹ ihrer Klassiker an das Geschäft der Nachdrucker, diese Vogelfreigabe des Wortes, als einen Triumph des Fortschritts bejubelt. Was muß aus den Gedanken Lichtenbergs geworden sein, wenn selbst Eigennamen, die er niederschreibt, verhunzt wurden, und in Stellen, deren Nachprüfung den Herausgebern nicht nur geboten, sondern auch möglich war. Keines dieser Subjekte aber hat sich auch nur die Mühe genommen, die von Lichtenberg gepriesene Stelle aus Jean Paul zu lesen. »Haben Sie wohl die Stelle in dem ›Kampaner Tal‹ gelesen, wo Chiaur in einem Luftball aufsteigt?« Nein, sie haben es nicht getan; sie, Lichtenbergs bezahlte Herausgeber, haben, was jeder seiner Leser zu tun verpflichtet ist, unterlassen – denn sonst hätten sie eine solche Stelle nicht gefunden. Wie das? Steigt Chiaur nicht auf? Im ganzen Buch nicht. Wohl aber eine Gione. Die sonderbare Tatsache, daß Lichtenberg einen Chiaur und Jean Paul eine Gione aufsteigen läßt, gestattet vielleicht die Rekonstruierung der Handschrift Lichtenbergs, die ich nicht gesehen habe:

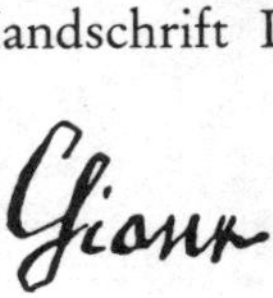

Es läßt die Möglichkeit zu, daß jedes zweite Wort verdruckt wurde. Denn die Herausgeber dürften dort, wo sie nur auf die Handschrift Lichtenbergs und jeweils auf die vorhergehende fehlerhafte Ausgabe angewiesen waren, sich kaum findiger gezeigt haben als dort, wo ihnen ein Vergleich mit dem Jean Paul-'schen Druck möglich war. Und dafür, daß dieselbe Schande, nur immer in anderer Einteilung und mit anderem Umschlag, wiederholt wird, zahlen Verleger Honorare, die ein Jahresgehalt der Lichtenbergschen Professur übersteigen dürften. Nein, die Erwartung des Messias dürfte – gegen und für Lichtenberg – dem Glauben an die Buchdruckerei noch immer vorzuziehen sein. Kaum ein Autor ist gröblicher mißhandelt worden; nicht nur durch eine wahllose Zitierung, die den aus Vernunftgläubigkeit, Laune oder Andacht entstandenen Notizen den gleichen Bekenntniswert beimißt. Man könnte, wenn eine von Natur meineidige Presse Lichtenberg zum Eidhelfer beruft, ihr auch mit dem Gegenteil dienen, und vor allem mit jenem Gegenteil, zu dem eine Menschlichkeit seiner Art vor der heutigen Ordnung der Dinge ausschließlicht fähig wäre. Der Liberalismus ist, wenn alle Stricke reißen, imstande, sich auf Gott zu berufen, der einmal gesehen haben soll, daß es gut war. Aber heute, nach 5673 Jahren, ist er gewiß auch nicht mehr derselben Ansicht. Wäre er's, er wäre nicht derselbe Gott.

Die Entschuldigung »Das ist ihm so in die Feder geflossen« – mein Ehrentitel. Die Anerkennung: »Das fließt ihm nur so aus der Feder« – mein Vorwurf. Aus der Feder fließt Tinte: das ist tüchtig und ein Verdienst. In die Feder fließt ein Gedanke: dafür kann man nicht, es ist eine Schuld von tiefer her.

Eines Dichters Sprache, eines Weibes Liebe – es ist immer das, was zum ersten Mal geschieht.

Ein Sprichwort entsteht nur auf einem Stand der Sprache, wo sie noch schweigen kann.

Man glaubt gar nicht, was für eine Holzhackerarbeit diese geistige Tätigkeit ist. Das Wortspalten, eh' man euch Feuer macht! – Sich selbst? Wie hirnverbrannt! Man hat Feuer, es brennt schon, und dann erst, dadurch erst, immer weiter das Wortspalten!

Worüber ich nicht wegkomme: Daß eine ganze Zeile von einem halben Menschen geschrieben sein könne. Daß auf dem Flugsand eines Charakters ein Werk erbaut wäre.

Die Redensart wird durch tausend Röhren ins Volksbewußtsein geleitet. Ein verwundeter Soldat, der sicherlich nie ein Buch, wohl auch keine Zeitung gelesen hatte, war doch des Tonfalls habhaft, mit dem ein gutes Gewissen Abschied nimmt. »Jetzt kann ich ruhig sterben,« sagte er, »vierzehn hab i heut umbracht!«

Die deutsche Sprache schützt nicht mehr gegen jene, die sie sprechen. Ich muß mir, will ich mich retten, schnell etwas auf lateinisch einfallen lassen. Das glückt; denn wie schön läßt sichs in einer Sprache, die man vergessen hat, denken. Es entspringt dort, wo Deutsch mir noch nicht jenes Umgangs Sprache war. Die Ungebildeten werden es nicht verstehen, die Gebildeten werden es für ein Sprichwort halten und mir weiter nicht übelnehmen. Und so empfiehlt man sich auf lateinisch.

Ich glaube nicht, daß ich zu jenen Autoren zähle, für deren Verbreitung dreißig Jahre, nachdem sie außer Stand gesetzt sind, Honorar zu bekommen und Korrekturen zu lesen, der Staat gesorgt hat. Sollte es wider Wunsch und Erwarten dennoch der Fall sein, daß auch an mir diese Wohltat versucht wird, und sich also ein Verleger oder Drucker finden, der um das Honorar zu bekommen an meiner Statt die Korrekturen nicht liest, so nehme er meinen Fluch als Vorwort, schon heute, also zu einer Zeit, wo ich es noch redigieren kann. Denn mir liegt auch dreißig Jahre nach meinem Tode mehr an einem Komma, das an seinem Platz steht, als an der Verbreitung des ganzen übrigen Textes. Und gerade darum glaube ich, daß ich zu jenen Autoren zähle, die vom Ablauf der Schutzfrist, welche der Staat aus Rücksicht auf die Popularität nur mit dreißig Jahren bemessen hat, nicht das geringste für ihre Ruhe zu befürchten haben.

Die Leute verstehen nicht deutsch; und auf journalistisch kann ichs ihnen nicht sagen.

Man muß jedesmal so schreiben, als ob man zum ersten und zum letzten Male schriebe. So viel sagen, als obs ein Abschied wäre, und so gut, als bestände man ein Debüt.

Heine hat das Höchste geschaffen, was mit der Sprache zu schaffen ist. Höher steht, was aus der Sprache geschaffen wird.

O markverzehrende Wonne der Spracherlebnisse! Die Gefahr des Wortes ist die Lust des Gedankens. Was bog dort um die Ecke? Noch nicht ersehen und schon geliebt! Ich stürze mich in dieses Abenteuer.

Der längste Atem gehört zum Aphorismus.

Einer, der Aphorismen schreiben kann, sollte sich nicht in Aufsätzen zersplittern.

Ein Satz kann nie zur Ruhe kommen. Nun sitzt dies Wort, denke ich, und wird sich nicht mehr rühren. Da hebt das nächste den Kopf und lacht mich an. Ein drittes stößt ein viertes. Die ganze Bank schabt mir Rübchen. Ich laufe hinaus; wenn ich wiederkomme, ist alles wieder ruhig; und wenn ich unter sie trete, geht der Lärm los.

Nur in der Wonne sprachlicher Zeugung wird aus dem Chaos eine Welt.

Kunst ist das Geheimnis der Geburt des alten Wortes. Der Nachahmer ist informiert und weiß darum nicht, daß es ein Geheimnis gibt.

Die Bildungslüge hat die Entfernung des Publikums von der Wortkunst noch größer gemacht als die von den anderen Künsten, weil es zwar nicht die Farben, die einer malt, klecksen zu können, nicht die Töne, die einer komponiert, pfeifen zu können, wohl aber die Sprache, die einer schreibt, sprechen zu können behauptet. Und doch könnte es, und eben darum, noch eher klecksen und pfeifen. Man lebt so entfernt von der Sprache und glaubt, weil man sprechen kann, sprechen zu können. Der Respekt vor ihr wäre größer, wenns auch eine Umgangsmalerei und eine Umgangsmusik gäbe, so daß die Leute einander mit Pfeifen oder Klecksen erzählen könnten, was sie heute gegessen haben.

Künstler ist nur einer, der aus der Lösung ein Rätsel machen kann.

Mir scheint alle Kunst nur Kunst für heute zu sein, wenn sie nicht Kunst gegen heute ist. Sie vertreibt die Zeit – sie vertreibt sie nicht! Der wahre Feind der Zeit ist die Sprache. Sie lebt in unmittelbarer Verständigung mit dem durch die Zeit empörten Geist. Hier kann jene Verschwörung zustande kommen, die Kunst ist. Die Gefälligkeit, die von der Sprache die Worte stiehlt, lebt in der Gnade der Zeit. Kunst kann nur von der Absage kommen. Nur vom Aufschrei, nicht von der Beruhigung. Die Kunst, zum Troste gerufen, verläßt mit einem Fluch das Sterbezimmer der Menschheit. Sie geht durch Hoffnungsloses zur Erfüllung.

Der Rückwärtige

›Die Wachleute mußten sich an den Händen nehmen, um, eingekeilt in die vorne und rückwärts andrängende Menge – –‹

Wie war das also? Wenn die Menge vorne andrängt, so drängt sie ja eben rückwärts, und die Wachleute sind dann zwar bedroht, aber nicht eingekeilt. Das sind sie, wenn die Menge vorne und hinten andrängt, denn die Menge, die vorne andrängt, drängt rückwärts, und die Menge, die hinten andrängt, drängt vorwärts. Man müßte also, um das auszudrücken, entweder schreiben, daß die Menge vorne und hinten, oder daß sie (vom Standpunkt der Wachleute gesehn) rückwärts und vorwärts angedrängt habe. Aber das wäre nicht österreichisch. Deutsch ist, daß man vorne und hinten steht, nach vorne und nach hinten geht oder vorwärts und rückwärts. In Österreich steht man zwar vorne, aber nur rückwärts, nicht hinten, und geht ›nach vorwärts‹ und ›nach rückwärts‹. Denn der Österreicher fühlt sich beim Wort ›hinten‹ so sehr ertappt, daß er die größten sprachlichen Opfer bringt, um es zu vermeiden. Er setzt für das zuständliche Adverb das Richtungswort, ergänzt es dort, wo es wirklich die Richtung bezeichnen soll, durch das tautologische ›nach‹ und erfindet das Adjektiv ›rückwärtig‹. Alles das, weil er sich bei jeder nur möglichen Gelegenheit an den Rückwärtigen erinnert fühlt.

dürfte die Enthüllung sein, daß diese Form richtig ist, während im Gegenteil kein Autor davor zurückschrickt, daß er vor etwas ›zurückschreckt‹. Vielleicht sich, aber nicht mich! Er ›erschrickt‹ ganz mit Recht, wenn ich ihn auf diese Analogie verweise, und er bleibt ›erschrocken‹, wenn ich wünsche, ihn davor auch zurückgeschrocken zu sehen und nicht ›zurückgeschreckt‹, diese falsche Form zu gebrauchen. Doch nie erschrak er vor ihr, stets ›schreckte‹ er vor der richtigen zurück. Wenn sie vor etwas ›zurückschrekken‹, bewahren sie noch Haltung, denn im Plural zeigt sichs nicht, ob sie stark oder schwach konstruiert sind. Freilich, auch nur im Präsens; schon im Imperfektum werden sie transitiv gestimmt. ›Schrick‹ nicht zurück, möchte ich jedem zurufen, wenn er ›schreckt‹, statt daß er schräke. Unerschrocken wie ich bin, aber auch durch keinen Mißerfolg so leicht erschreckt, gebe ich den Versuch nicht auf, abzuschrecken, wiewohl es ein altes, nicht erst durch die journalistische Schreckensherrschaft befestigtes Übel ist und vielleicht Jean Paul der einzige Autor, der davor zurückschrak. Wenn ich die deutsch Schreibenden davor zurückgeschreckt haben werde, so will ich ihnen den Stolz lassen, daß sie von selbst zurückgeschrocken sind.

Bis

Für den Begriff ›bis‹ geht dem Österreicher jedes Gefühl ab. Daß ›bis‹ nicht das Ziel, sondern den Weg bezeichnet, sieht er nicht. »Ich werde warten, bis du kommst«, würde er, wenn ihn hier nicht der Sinn den Weg führte, so deuten: Wenn du gekommen sein wirst, werde ich warten. Das ›bis‹ eröffnet ihm eine Handlung, anstatt sie abzuschließen. Der Krug geht bei ihm erst zum Brunnen, wenn er gebrochen ist, was freilich durchaus seiner Lebensanschauung entspricht. Er ist dem Begriff ›bis‹ so lange nicht gewachsen, bis dieser sich ihm in einer Negativ-Konstruktion darbietet, kann sich aber selbst da nur helfen, indem er auch den bis-Satz mit der Negation versperrt. Hier versteht er, daß eine Zeitstrecke vorzustellen ist, innerhalb deren etwas nicht geschieht. Er erfaßt nun wohl das demonstrative ›so lange‹ im Hauptsatz, kann sich aber das ›bis‹ nur als das relative ›solange‹ (in einem Wort) vorstellen: als Begleithandlung, nicht als Ergebnis. Daß der Krug so lange zum Brunnen geht, bis etwas Positives eintritt, muß er für falsch halten. Denn im Positiven bedeutet ›bis‹ für ihn ein ›wenn‹ oder ›sobald‹, während er es sonst als ein ›solange nicht‹ auffaßt. Er weiß also nicht, was es bedeutet, bis ich ihn *nicht* darüber aufkläre. Und wenn man ihm das ›nicht‹ nimmt, würde er es so denken: er wisse nicht, was es bedeutet, sobald ich ihn darüber aufkläre. Und da hätte er natürlich recht.

Fast erraten

Unmöglich kann man von deutschen Männern und insbesondere von dem Publikum, das bei der Resitant verkehrt, verlangen, daß sie wissen, wie der Konjunktiv imperfecti von ›erfahren‹ heißt. Wollte man sie befragen, man erführe es nie, denn es entstünde entweder verlegenes Schweigen oder eine Panik, zunächst weil sie nicht wissen, was man von ihnen haben will und was das eigentlich ist, ein Kunjunktiv imperfecti, dann aber würde sich vielleicht doch einer finden, der das weiß, und man erföhre es. Also da ist nichts zu wollen. Wenn man aber einen Schriftleiter der ›Wiener Stimmen‹ – und die Schrift muß sich von ihm leiten lassen, wiewohl sie doch lieber ungeleitet nach Hause ginge –, wenn man ihn also nicht fragt, nicht verschüchtert, sondern ihn die Schrift leiten läßt, wie er will, so kommt das Folgende heraus:

> Man könnte am Wesen des Geldes irre werden, *erfähre* man nicht, daß —

Man sieht, wie gefährlich diese Dinge sind, und man könnte am Wesen der geleiteten Schrift irre werden, erführe man erst, wie's da zugegangen ist. Da hat wohl einer, der wußte, daß man nicht ›erfahrte‹ sagen kann, aus ›erfährt‹ einen Konjunktiv gemacht, sich aber nicht getraut, ein herzhaftes ›erfährte‹ anzulegen. So ein armer Zeitungsgoi schlägt sich schlecht und recht durch die Fährlichkeiten der deutschen Grammatik, mit denen jüdischer Wagemut es leichter aufnimmt. Fast erraten hat ers ja. Und hälte er sich an der Stange, läße er sich von der Schrift leiten, so erräte ers ganz und gar. Freilich fräge er, schläge es noch glücklicher aus. Das kommt aber davon, daß diese Leute, gepültet wie sie sind, nicht schreiben können, wie ihnen der Schnabel wächst, sondern, im Sinne Nestroys, nur, wie er ihnen wuchs. Wüchse er aber so, wie sie schreiben, so wächse er und wäre noch lieblicher anzuschauen. Die Wendung ›wenn man erfahren würde‹ ist nicht schön, aber den Bedürfnissen der Strozzigasse schließlich angepaßt. Nein, sie müssen sich in ein Gedränge einlassen, und ich habe das Nachsehn. Fürwahr, wenn ich mich an solchen Dingen nicht stöße, sie leichter erträge oder sie mir gar nicht auffällen, ich häbe bei den Deutschen, unter denen ich lebe, mehr Ansehen als deutscher Schriftsteller, dem heute bloß die Aufgabe zugewiesen ist, die Schrift, die andere geleitet haben und zwar irre, zu stellen und zwar richtig.

Nicht einmal!

Es wäre dem Menschen geholfen, könnte man ihm, wenn schon nicht das Auge für die fremde Schrift, wenigstens das Ohr für die eigene Sprache öffnen und ihn wieder die Bedeutungen erleben lassen, die er ohne es zu wissen täglich zum Munde führt. Ihn die Verlebendigung der Redensarten zu lehren, die Auffrischung der Floskeln des täglichen Umgangs, die Agnoszierung des Nichtssagenden, das einmal etwas gesagt hat. Wer weiß, ob nicht der blinde Entschluß, künftig nur mehr dazu Zeit zu haben, wozu man keine Zeit hat, und alles was bisher für nützlich und notwendig galt, zu versäumen, ob nicht die Zukehrung zu den geistigen Rohstoffen ihm die Sorge für die wirtschaftlichen ersparte. Je näher dem Ursprung, desto weiter vom Krieg. Wenn die Menschheit keine Phrasen hätte, brauchte sie keine Waffen. Man muß damit anfangen, sich sprechen zu hören, darüber nachdenken, und alles Verlorene wird sich finden. Was das Lesen betrifft, so ist es zunächst gar nicht notwendig, sich von den Zeitungen, die uns den Weg zur Sprache wie zu aller Natur verrammeln, zu trennen. Im Gegenteil wird es nützlicher sein, sie lesend zu durchschauen, und besser, eine Zeile des Leitartikels scharf ins Auge zu fassen, als von einem Vers der ›Iphigenie‹ die schöne Ansicht abzunehmen. So ist es auch förderlicher, beim Sprechen nicht vorweg auf das bessere Sprechen zu achten, sondern das was man gesprochen hat, auf die Wurzel des Gedankens zurückzuführen. Eines von hundert Beispielen, über die man nachdenken kann, ist in folgendem Fall gegeben. Eine Frau, die besser spricht als man hierorts gewohnt ist, wird verlacht, weil sie auf die Frage, ob sie müde sei, die Antwort gibt: »Nicht einmal.« Sie denkt über die Wirkung und über die Wendung nach, findet, daß diese entsprechend sei, ohne auf den Grund ihrer Richtigkeit zu kommen. Ich rekonstruiere die Situation, in der die Wendung statthaben konnte. Sie stellt eine Ellipse vor, die in sich durchaus möglich und üblich ist und nur komisch wirken kann, wenn der Hörer an dem Erlebnis, das ihr zugrunde liegt, unbeteiligt ist oder es vergessen hat. Sie beruht auf der Prämisse einer Erwartung, die nicht eingetreten ist. Zwei machen einen Spaziergang; der eine hat geglaubt, daß seine Kräfte nicht zureichen werden. Auf die Frage, ob er müde sei, antwortet er: nicht einmal (das, was man doch – oder mindestens – erwartet hatte: daß er ermüden, geschweige denn etwa, daß er versagen werde, ist eingetreten). Jede Gedankenlosigkeit, die man spricht, war einmal ein Gedanke. Wenn man sich nur besinnt und sich fragt, ob das Gesprochene dumm sei, wird man schon wissen, was ›Nicht einmal‹ bedeutet.

Bekenntnis

Ich bin nur einer von den Epigonen,
die in dem alten Haus der Sprache wohnen.

Doch hab' ich drin mein eigenes Erleben,
ich breche aus, und ich zerstöre Theben.

Komm' ich auch nach den alten Meistern, später,
so räch' ich blutig das Geschick der Väter.

Von Rache sprech' ich, will die Sprache rächen
an allen jenen, die die Sprache sprechen.

Bin Epigone, Ahnenswertes Ahner.
Ihr aber seid die kundigen Thebaner!

Der Reim

Der Reim ist nur der Sprache Gunst,
nicht nebenher noch eine Kunst.

Geboren wird er, wo sein Platz,
aus einem Satz mit einem Satz.

Er ist kein eigenwillig Ding,
das in der Form spazieren ging.

Er ist ein Inhalt, ist kein Kleid,
das heute eng und morgen weit.

Er ist nicht Ornament der Leere,
des toten Wortes letzte Ehre.

Nicht Würze ist er, sondern Nahrung,
er ist nicht Reiz, er ist die Paarung.

Er ist das Ufer, wo sie landen,
sind zwei Gedanken einverstanden.

Er ist so seicht und ist so tief
wie jede Sehnsucht, die ihn rief.

Er ist so einfach oder schal
wie der Empfindung Material.

Er ist so neu und ist so alt
wie des Gedichtes Vollgestalt.

Orphischen Liedes Reim, ich wette,
er steht auch in der Operette.

Wenn Worte ihren Wert behalten,
kann nie ein alter Reim veralten.

Fühlt sich am Vers ein Puls, ein Herz,
so fühlt es auch den Reim auf Schmerz.

Aus allgemeinrer Sachlichkeit
glückt neu der Reim von Leid auf Zeit.

Weist mich das Wort in weitere Fernen –
o staunend Wiedersehn mit Sternen!

Der erdensichern Schmach Verbreitung
bedingt dafür die Tageszeitung

und leicht trifft einem irdnen Tropf
der Reim den Nagel auf den Kopf.

Dem Wortbekenner ist das Wort
ein Wunder und ein Gnadenort.

Der Reim, oft nur der Verse Leim,
ist der Gedanken Honigseim.

Hier bietet die Natur den Schatz,
dort Technik süßeren Ersatz.

Ein Wort, das nie am Ursprung lügt,
zugleich auch den Geschmack betrügt.

Dort ist's ein eingemischter Klang,
hier eingeboren in den Drang.

Sei es der Unbedeutung Schall:
ein Schöpfer ruft es aus dem All.

Dort deckt der Reim die innre Lücke
und dient als eine Versfußkrücke.

Hier nimmt er teil am ganzen Muß,
die Fessel eines Genius,

Gebundnes tiefer noch zu binden.
Was sich nicht suchen läßt, nur finden,

was in des Wortglücks Augenblick,
nicht aus Geschick, nur durch Geschick

da ist und was von selbst gelingt,
aus Mutterschaft der Sprache springt:
das ist der Reim. Nicht, was euch singt!

An einen alten Lehrer
(Henricus Stephanus Sedlmayer)

Da neulich sah ich wie in der Jugendzeit
Dich weißen Hauptes, irgendwohin den Blick
 Gerichtet nach einer Vokabel,
  Welche ein Schüler verloren hatte.

Ein andrer mußte, nicht auf den Ruf gefaßt,
Eh er sich fassen konnte, sie fassen schon,
 Und war auch er es nicht imstande,
  Nanntest du es eine Seelenroheit.

Von strenger Milde war dieser Unterricht.
Du guter Lehrer hattest den Schüler gern.
  Doch näher deinem reinen Herzen
    Lag wohl das Wohl eines armen Wortes.

Latein und Deutsch: du hast sie mir beigebracht.
Doch dank ich Deutsch dir, weil ich Latein gelernt.
  Wie wurde deutsch mir, als ich deinen
    Lieben Ovidius lesen konnte!

Denn jenes wahrlich machte mir Schwierigkeit.
Mir fehlen Worte, und es gelang mir nicht,
  Den Frühling, den ich erst erlebte,
    In einem Aufsatz auch zu beschreiben.

Ovid ja selber hätte es nicht vermocht,
Und Goethe länger als eine Stund gebraucht –
  Wie sollte es ein Schulbub treffen,
    Wenn er nicht grade ein Journalist war?

Du guter Lehrer wußtest das nur zu gut.
Du übtest Nachsicht, und weil ich in Latein
  Doch vorzüglich bestanden hatte,
    Gabst du in Deutsch mir nicht nichtgenügend.

So kam ich durch und besserte später mich,
Weil ich es fühlte, daß ich dir schuldig war,
  Im deutschen Aufsatz nach der Schule
    Deinen Erwartungen zu entsprechen.

Hätt' ich schon damals gleich zwischen acht und neun
So Deutsch geschrieben, wie zwischen zehn und elf
Latein ich las, wär' diese Ode,
Diese horazische, nicht entstanden.

Nimm diese Fleißaufgabe als Jugendgruß.
Denn du stehst milde heute wie einst vor mir.
In Bild und Wort bist du mir nahe,
Als ob ich heute noch vor dir säße.

Ich sehe dich, wie du mit der feinen Hand
Die Stirn dir streichst, die sorgende, als ob du
Ein krankes Wort betreuen müßtest –
Heilige Pflicht vor profanen Zeugen.

Schneeweiß wie damals, neigend den Kopf, doch hoch
Den Sinn wie damals, traf ich dich auf dem Weg
Zur Schule neulich, und es war mir,
Daß ich mit dir in die Schule ginge.

Wohin verlor sich, sag mir, dein Altersblick,
Mir unverloren? Lehrest du immer noch
Verlorner Gegenwart die Sprache?
Folge mir und lasse die Klasse fallen!

Nächtliche Stunde

Nächtliche Stunde, mir mir vergeht,
da ich's ersinne, bedenke und wende,
und diese Nacht geht schon zu Ende.
Draußen ein Vogel sagt: es ist Tag.

Nächtliche Stunde, die mir vergeht,
da ich's ersinne, bedenke und wende,
und dieser Winter geht schon zu Ende.
Draußen ein Vogel sagt: es ist Frühling.

Nächtliche Stunde, die mir vergeht,
da ich's ersinne, bedenke und wende,
und dieses Leben geht schon zu Ende.
Draußen ein Vogel sagt: es ist Tod.

Hier wird deutsch gespuckt

(1915)

Die Muttersprache zugleich reinigen und bereichern ist das Geschäft der besten Köpfe. *Reinigung ohne Bereicherung erweist sich öfters geistlos ... Der geistreiche Mensch knetet seinen Wortstoff, ohne sich zu bekümmern, aus was für Elementen er bestehe; der geistlose hat gut rein sprechen, da er nichts zu sagen hat.* Wie sollte er fühlen, welches künstliche Surrogat er an der Stelle eines bedeutenden Wortes gelten läßt, *da ihm jenes Wort nie lebendig war,* weil er nichts dabei dachte? Es gibt gar viele Arten von Reinigung und Bereicherung, die eigentlich alle zusammengreifen müssen, wenn die Sprache lebendig wachsen soll. *Poesie und leidenschaftliche Rede* sind die einzigen Quellen, aus denen dieses Leben hervordringt, und sollten sie in ihrer Heftigkeit auch etwas Bergschutt mitführen, er setzt sich zu Boden, und die reine Welle fließt darüber her. Goethe

Wenn die Herren die große Zeit, anstatt sie mit Sprachreinigung zu vertun, lieber darauf verwenden wollten, ihren Mund zu reinigen, so wären die Voraussetzungen für eine spätere internationale Verständigung vielleicht gegeben. Gewiß, man muß Fremdwörter nicht gerade dort gebrauchen, wo es nicht notwendig ist, und man muß nicht unbedingt von Kretins sprechen, wo man es mit Trotteln zu tun hat. Aber das eine sei ihnen doch gesagt: daß ein Fremdwort auch einen Geschmack hat und sich seinerseits auch nicht in jedem Mund wie zu Hause fühlt. Freilich bin ich ja nicht kompetent, weil ich mit der Sprache nur eine unerlaubte Beziehung unterhalte und sie mir nicht als Mädchen für alles dient. Aber ich habe auch bloß den Schutz jenes Sprachgebrauchs im Sinn, den die Leute für die Sprache halten. Mehr ihnen zu sagen, wäre vom Übel. Sie verstehen ihre eigene Sprache nicht, und so würden sie auch nicht verstehen, wenn man ihnen verriete, daß das beste Deutsch aus lauter Fremdwörtern zusammengesetzt sein könnte, weil nämlich der Sprache nichts gleichgültiger sein kann als das ›Material‹, aus dem sie schafft. Wenns ihnen Spaß macht, mögen die Leute, die sich selbst diese Zeit noch vertreiben müssen, da selbst diese Zeit versäumt hat, sie zu vertreiben, in ihren Journalen, Büros und Restaurants Abteil für Coupé, Schriftleitung für Redaktion oder Schlackwurst für Zervelat sagen – die Sprache wird, solange das Vorstellungsleben unvollkommene deutsche Termini sich in gute Fremdwörter zurückübersetzen muß, mit dem gewohnten Material arbeiten. Eine Zeitung hat einen Erlaß abgedruckt, in dem angeblich von Sachwaltern die Rede war. Da die Sache dadurch mißwaltet schien, besah ich das Original, in welchem tatsächlich von Funktionären die Rede war und einmal von hohen Funktionären. Weil aber der ›Schriftleiter‹ nicht von ›hohen Sachwaltern‹ sprechen konnte, indem er hier plötzlich den Unterschied zwischen einem Rangbegriff und einem Wertbegriff spürte, so ließ er einfach das Attribut weg und nahm der Darlegung den Verstand. Nein, Funktionären, und just den journalistischen, fehlt viel zu Sachwaltern, und die spezifische Farbe der Stupidität wird weder von der Dummheit noch von der Einfalt je ersetzt werden können. Gibt es auf Erden noch eine zweite Kultur, die sich fortwährend so neugeboren fühlt wie die deutsche und jeden Augenblick Komiteebeschlüsse über ihre Umgangssprache faßt? Vorschriften erläßt, wie man zu sprechen, welche Worte man zu vermeiden hat? Die zu den hunderterlei Verboten, mit denen hier das Leben bespickt wird, weil der summarische Anstand kein Gebot ist, auch noch eine Sprechordnung beschließt, wie sie eine Gehordnung beschlossen hat. Und die, weil die Sprache nur ein Kleid, eine Konfektionsware ist, den größten Wert darauf legt, daß sie vor dem Verlassen der Anstalt in Ordnung gebracht werde, während man nichts dagegen hat, daß jeder Ladenschwengel öffentlich in den Sprachquell spuckt. Aber das heutige Deutsch ist eben keine Sprache, sondern ein Betrieb, der erst wie das ganze Etablissement ›in der Einrichtung begriffen‹ ist, dem Bedürfnisse der Kundschaft angepaßt werden muß und sich deshalb so wenig selbstverständlich vorkommt, daß jeder Tag eine Überraschung bringen kann. In Berlin spricht man rechts, und der Schutzmann blickt zufrieden; in Wien fleht der Wachmann: Bitte links! Es ist höchste Zeit, daß mit den Fremdwörtern auch noch die letzten deutschen Wörter abgeschafft werden und daß endlich, damit jede Schwierigkeit beseitigt sei, nicht nur die Iphigenie ins Esperanto übersetzt wird, sondern auch alle jene Gedanken, die sich die Leute so den Tag lang mitzuteilen haben.

Aus oder von

Wann schließe ich ›aus‹ und wann ›von‹ etwas auf etwas anderes? Wenn das, worauf ich schließen will, mich erst zu der Untersuchung dessen veranlaßt, woraus ich schließen will (erst das Eingehen auf dieses bewirkt), so schließe ich ›aus‹ diesem. Wenn aber dieses in seiner Erscheinung schon die Gründe enthält und offenbart, aus denen ich schließe, so schließe ich ›von‹ ihm. Mithin schließe ich ›daraus‹, daß du gestern nicht gekommen bist, darauf, daß du krank bist; denn du kommst fast täglich, und dein Nichtkommen läßt mich jenen Grund erschließen. Du könntest mich aber belehren, daß ein solcher Schluß ein falscher sei und nur auf mich selbst zutreffen könnte, der ausnahmslos täglich kommt und dessen Ausbleiben allerdings nur durch Krankheit zu erklären wäre: daß ich mithin nicht ›von‹ meinem Verhalten auf das eines andern schließen dürfe. Man könnte also auch sagen, daß ›von‹ den Vergleich zweier analoger begrifflicher Materien (Ich und Du) ausdrückt, den Weg von der einen zu der andern bezeichnet, ›aus‹ jedoch die Beziehung des Grundes einer Handlung zu der andern Handlung als solcher. Wenn ich ›von‹ einer früheren gerichtlichen Entscheidung auf eine andere schließe, so vergleiche ich die beiden miteinander, obschon sie auf verschiedenen Umständen beruhen mögen. Dagegen werde ich, bei gleichgearteten Umständen, eher ›aus‹ einer früheren Entscheidung auf eine zu erwartende schließen. Jenes reicht von der einen Tatsache zur andern, dieses vom Grund der einen zur andern. Ursprünglich wird man wohl nur ›aus‹ etwas schließen gekonnt, nämlich aus einer gegebenen Wahrheit eine Erkenntnis gezogen haben. Das ›von‹, in welchem die Erscheinung angesehen wird, dürfte ein Hinzugekommenes sein, wird aber dem Denkprozeß durchaus gerecht. Du darfst nicht aus dem Grunde deines Handelns auf das meine – von deinem auf meines schließen.

Zwei, deren Ansichten auseinandergehen

Ein menschlich gesinnter Schriftsteller gibt eine Zeitschrift heraus, was einen gleichnamigen, deutsch gesinnten Schriftsteller zu der Erklärung bestimmt, daß er mit jenem nicht zu verwechseln sei, auch gehe seine ›Ansicht über die nationale Frage‹,

> trotz mancher Übereinstimmung in anderen Dingen, *von der seinen weit auseinander.*

Daß also der deutsch gesinnte Schriftsteller, wie es sich gehört, nicht Deutsch kann, ist nicht zu bezweifeln. Was nun den menschlich gesinnten Namensbruder anlangt, so sucht er es ihm auf eine Art zu beweisen, die, gleich allem, was er schreibt, die redlichste Absicht dartut, aber auch wie recht er hat, seinen Widersachern, die ihm Nachahmung der Fackel vorwerfen, zu antworten, daß diese unnachahmlich sei. Vorerst verwahrt er sich dagegen, daß er ›Ansichten zu einer Frage habe‹, denn es gebe nur ›Antworten auf eine Frage‹. Aber der andere hat von einer ›Ansicht *über* die nationale Frage‹ gesprochen, die man wohl haben kann, da diese Frage nicht zu solchen Fragen gehört, die beantwortet werden, sondern etwas Fragliches, eine Streitfrage, ein Problem bedeutet, das hoffentlich einmal gelöst werden wird und *zu* dem man sich sogar mit der Ansicht stellen könnte, daß es endlich einmal an der Zeit wäre, die Menschheit davon zu erlösen. Mit diesem Versuch, die deutschnationale Gesinnung sprachkritisch zu entwerten, ists also nichts. Dagegen kompromittiert sie sich gewiß durch die Erklärung, daß ihre Ansicht über die nationale Frage ›von‹ der des Namensbruders ›weit auseinandergeht‹. Das empfindet auch dieser, hat aber leider den folgenden Plan, die Sache in Ordnung zu bringen:

> Und außerdem kann man nur *mit* jemandem auseinandergehen. Wer von etwas auseinandergeht, der explodiert. Es ist eben eine alte Erfahrung: Deutsch denken und Deutsch können ist zweierlei.

Ganz richtig. Diese beiden Fähigkeiten gehen auseinander. Dagegen geht auch der, der explodiert, nicht von etwas auseinander. Ferner kann man nicht mit jemandem auseinandergehen, weil solches hieße, daß man selbst darin mit ihm überein ist, also gerade im

Explodieren. Dem deutsch gesinnten Schriftsteller wäre wohl nichts übriggeblieben als zu erklären, daß seine Ansicht über die nationale Frage *und* die seines menschlich gesinnten Namensbruders weit auseinander*gehen*. Was diesen betrifft, so hat er recht, sich solche Trennung gefallen zu lassen, und wenngleich er es bescheiden ablehnt, der Nachahmer eines ›Dornes in den Augen der Menschheit‹ zu sein, so leistet er doch genug, wenn er, obschon in grauem Umschlag, als das rote Tuch für die steirische wirkt.

›Verbieten‹ und ›verbitten‹

Es geht und geht halt nicht. Da rufen einander – nach einer Zeitung und dennoch glaubhaft – zwei Anwälte zu:

> »Ich *verbiete mir* eine solche Äußerung!« – »Sie haben *mir* gar nichts zu *verbieten!*«

Das ist fast von Nestroy, wurde jedoch von dem Gerichtssaalmann einer andern Redaktion, in der die ›Sprachlehre‹ Unruhe hervorgerufen hat, wie folgt geändert:

> »Ich *verbitte mir* eine solche Äußerung!« – »Sie haben *mir* gar nichts zu *verbieten!*«

Eine halbe Sache, der zweite hätte dann sagen müssen: »Sie haben sich gar nichts zu verbitten!« Ein unverwüstlicher Schmock erkannte, daß da ein Problem sei, entschied aber so:

> Wie lange ist es her ... daß man überhaupt wegen der ›ernsten Zeit‹ jedes Vergnügen *verbat*.

Ja, wenn man das Reden und das Schreiben durch Verbitten unterdrücken könnte, wärs auch schon ein Erfolg. Ich bete, daß es besser werde, ich bitte um Gehör und biete einen Rat: zu unterscheiden und entsprechend abzuwandeln: bat, betete, bot; gebeten, gebetet, geboten. Leicht ists ja nicht, aber es wird sich lohnen.

Zuzumuten und zuzutrauen

ist ihnen nach wie vor nicht, daß sie auch diesen Unterschied erfassen. Da soll ein bekannter Individualpsychologe (der etwas viel Gemeinschaftsgefühl durch Interviews bekundet) geäußert haben:

> Wir Wiener stehen in gutem Ruf, weil man uns *zumutet*, daß wir neidlos und mit freundlicher Anerkennung das Gute schätzen, wo immer wir es finden.

Da sieht man wirklich, wie beliebt wir Wiener sind: man *verlangt* von uns, daß wir das Gute schätzen, und bevor wir dieses Verlangen noch erfüllt haben, stehen wir schon in gutem Ruf.

Ein lehrreiches Beispiel – aus der Fülle dessen, was das Kommiswelsch jedes ›Tages‹ und jeder ›Stunde‹ bietet – ist die Wendung eines Brillantenschmocks, die Presse *mute* den Richtern nicht Ungerechtigkeit oder dergleichen *zu*. Wie sollte sie? Es hieße ja, sie *verlange* von ihnen nicht Ungerechtigkeit. Nun kann es allerdings auch eine Lage geben, in der man versichern mag, daß man einem Richter so etwas nicht zumute.

Nämlich vor einer Entscheidung: wenn man etwa, seinen gerechten Anspruch verteidigend, sagen wollte, damit, also mit dem Urteil, das man durchsetzen möchte, mute man ihm keine Ungerechtigkeit zu. Wenn man jedoch sagen will, daß man ihn nicht für ungerecht, ihn keiner Ungerechtigkeit für fähig halte, so muß man natürlich sagen, man *traue* ihm keine Ungerechtigkeit zu. Zugemutet wird die *Leistung*, zugetraut die *Fähigkeit* zu ihr. (»Ich mute dir zu, etwas zu tun, denn ich traue dir zu, daß du es tun kannst.« Richtig auch: »Ich traue dir zu, daß du etwas getan hast«, nämlich: weil du es kannst. Die populäre Unterscheidung ist die ausschließliche zwischen einem Positiven, das in ›zutrauen‹, und einem Negativen, das in ›zumuten‹ begriffen wird. Jenes hat jedoch nichts mit dem Zutrauen, dem Vertrauen zu tun, bloß mit einem Glauben. Das andere ist ein Anmuten, ein Begehren, welchen Grades immer, wenngleich es zumindest etwas Minushaftes zum Objekt haben wird. Hier geht es um die Handlung, dort um die Tauglichkeit.) Aber die Journalisten werden alte Journalisten werden, bis sie diesen Unterschied erfassen, und selbst dann besteht keine Hoffnung. Denn sie werden immer die ›Zumutung‹ abweisen, daß sie nicht deutsch schreiben, wiewohl man es von ihnen zwar nicht verlangt, sondern ihnen bloß zutraut.

Eine Karte an den Verlag der Fackel:

eine Krone .... zwei Kronen
ein Schilling .... zwei Schillinge
Daß man dem Sprachlehrer K. K. das sagen muß! Instruieren Sie den Setzerlehrling!

Die Antwort des Verlags:
Wir senden Ihnen Ihre nicht nur törichte, sondern auch in ungebührlichem Ton gehaltene Karte zurück. Es fällt uns schwer, Ihre Entrüstung über den Plural ›Schilling‹ auf dem Umschlag, selbst wenn er falsch wäre, nachzufühlen, wir möchten Ihnen aber für alle Fälle nebst einer Belehrung auch die Beruhigung erteilen, daß der Plural ›Schilling‹ richtig ist und richtig bleibt, wiewohl die Nationalbank Noten auf ›Hundert Schillinge‹ ausgegeben hat. *Dieser* Plural ist der inkorrekte, auch wenn Sie durch den auftrumpfenden Hinweis auf den ganz anders gearteten Fall der ›Krone‹ den andern für den falschen halten. Auch ohne diesen Hinweis glauben wir Ihnen natürlich gern, daß der Plural von Schilling an und für sich ›Schillinge‹ lautet, und wenn Sie die einzelnen aufzählen, werden es schon solche sein. Aber der Summe auf dem Umschlag der Fackel liegt eben eine bessere sprachliche Berechnung zugrunde als Ihrem Tadel, der sich auf das törichte Argument der ›Krone‹ stützt. Sie würden natürlich auch ›eine Strecke von hundert *Meter*‹, ein ›Gewicht von zehn *Zentner*‹ für falsch halten, dagegen ein Haus fünf *Stöcke* hoch sein, eine Temperatur zehn

Grade haben, einen Trupp aus fünfzig *Männern* bestehen lassen, eine Länge von drei *Fußen* (oder Füßen) und vier *Zollen* (Zöllen) ausmessen, etliche *Laibe* Brot oder *Fässer* Bier und *Maße* Wein verbrauchen und dergleichen mehr. Aber Sie wissen eben nicht, daß es mit dem Plural von diesen und allen Maßen seine besondere Bewandtnis hat. Warum die Elle, die Meile, speziell aber die Krone, bei der noch die andere, gegenständliche Vorstellung mitwirkt, eine Ausnahme bildet, darüber mögen Sie sich mit Ihrem Sprachgefühl unterhalten. Wir wollen Ihnen nur die Versicherung erteilen, daß Sie getrost im Plural mit ›Pfund‹, ›Taler‹ und ›Pfennig‹ und ganz ebenso auch mit ›Schilling‹ rechnen können, ohne sich übervorteilt fühlen zu müssen, und Sie werden diese Rechnungsart bei den besten deutschen Klassikern finden. Was der ›Sprachlehrer K. K.‹, dem Sie natürlich gar nichts ›sagen müssen‹ und mindestens das, was Sie nicht wissen, in einem anderen Ton zu sagen haben, mit einer Bemerkung auf dem Umschlag, ob sie nun wohl erwogen wurde oder ein Versehen ist, zu schaffen haben soll, dürfte auch Ihnen – bei einigem Nachdenken – unverständlich sein. Aber der verantwortet mit dem Verlag der Fackel den Plural ›Schilling‹, welcher entgegen der von Ihnen und sogar von der Nationalbank vertretenen Ansicht beibehalten wird. Ihr Rat, den ›Setzerlehrling‹ zu instruieren – der einer humorig laienhaften Vorstellung von der Entstehung der Druckwerke entspringt – wird also nicht befolgt werden. Dagegen hoffentlich unser Rat an Sie, sich künftig, wenn Sie schon glauben, uns aus Ihrem Mangel an Sprachgefühl

einen Vorwurf machen zu müssen, wenigstens einer anständigeren Form bedienen.
Ich hatte einen Esel sich in die letzte Nationalbank setzen lassen, weil er nicht gewußt hatte, wie der Plural von Schilling lautet, und darob den Lehrer tadelte. Die ganze Klasse hat sich gebessert:

> Das Bundesministerium für Finanzen gibt bekannt, daß *nach eingeholten Sachverständigengutachten* die Währungsbezeichnung ›Schilling‹ in der Mehrzahl und in Verbindung mit einer Grundzahl *nicht abzuwandeln* ist, wenn sie als zusammenfassende Wertbezeichnung und nicht als Bezeichnung einer Mehrzahl bestimmter Münzen gebraucht wird. Die Mehrzahl hat demnach *›Zehn Schilling‹* zu lauten, wenn es sich um die Angabe einer *Summe* handelt, dagegen *›Zehn Schillinge‹*, wenn eine Mehrheit bestimmter *Münzstücke* bezeichnet werden soll. Im Gebrauch der Ämter und Behörden wird künftig nach diesem Grundsatz vorgegangen werden.

Viel hab ich ja im österreichischen Leben nicht erreicht. Aber ich halt' es halt mit dem Valentin – nicht mit dem, der den Hobel hinlegte, sondern dem, der eine Brille ohne Gläser trug und, darob befragt, die Antwort gab: »Besser is schon wie gar nix.«

Falscher Tadel

Ich bin wohl kein Freund der Neutöner, die es aus Unfähigkeit zum alten Ton sind. Und was ich ihnen am meisten verüble, ist, daß sie den schmutzigsten Besitzern des gesunden Menschenverstandes dazu verhelfen, recht zu haben, und daß man sich die Hände abwischen muß, weil einem das Malheur zugestoßen ist, mit so was eine Ansicht zu teilen. Um der Plattheit des Herrn Blumenthal zu entgehen, stürze ich mich dann kopfüber in die schwindelnde Tiefe eines neuen Lyrikers.

> Wie ein Frühlingslied von Theodor Däubler aussieht, wissen wir nun. Seine Winterlieder sind nicht besser geraten. Über einem dieser Lieder strahlt das Wort ›Schnee‹. Durch die Erinnerung singen mir die Verse Platens: ›Leicht erträgt mein Herz des Winters Flockenschnee, weil ich Blütenschnee des Lenzes ahne.‹ Mit so einfachen Klängen begnügt sich unser Dichter nicht. Seine Schneeflocken sind Silberbienen und setzen sich ›sehr stumm‹ auf welke Blätter. Kann man stummer als stumm sein? Der Schnee Theodor Däublers ist es imstande. Er kann auch noch andere Kunststücke. *Er wirbelt nicht bloß, er ›schwirbelt‹ auch* – und er würde zweifellos auch *zirbeln* und *girbeln,* wenn es von ihm verlangt wird: denn was tut nicht ein gutmütiger Schnee für einen Dichter, der Neutöner von Beruf ist? Vielleicht lehrt er uns bald, daß es nicht bloß einen Wirbelwind, sondern auch einen Schwirbelwind gibt, und daß der Mensch nicht bloß eine Wirbelsäule hat, sondern auch eine Schwirbelsäule.

Herr Blumenthal ist vom Schwirbel bis zur Zeh ein Sprachkenner. Nur muß er noch zulernen, daß es einen Schwirbel, wenn auch nicht im Sinn von Scheitel, so doch im Sinne von Taumel, Schwindel wirklich gibt. Herr Däubler hat da gar keinen Schwirbel gemacht, sondern ein altes Wort ganz gut gesetzt. ›Schwirbeln‹ heißt – wie jener im Sanders nachlesen kann –: sich wirbeln, drehn, taumeln. Dem Schnee soll vermutlich mehr als das physikalische Wirbeln, auch die Empfindung des Taumelns zugeschrieben werden; lautlich ist es, indem sich Sch mit wirbeln verbindet, eine anschauliche Darstellung des Treibens, eine recht schneehafte Abdämpfung des Wirbelns. Herr Blumenthal hat Pech. Denn ›Zirbeln‹ gibts auch, und es bedeutet dasselbe wie auch sogar ›zwirbeln‹, das es gleichfalls bedeutet und das die Scherzhaftigkeit zu erfinden vergessen hat. Nur ›girbeln‹ gibts nicht. Aber den Blumenthal gibts. Er könnte mit der höchsten Lyrik genauso verfahren wie mit jener, die er gerade angefaßt hat und deren Einzelfall eben darum meines Schutzes sicher sein kann, so gefährlich mir auch der geistige Typus erscheinen mag. Was weiß ein Berliner Witzonkel von diesen Dingen und was gehen sie ihn an? Der Blumenthal verhält sich zur Lyrik wie der Blumenthal zu einem Blumental. Wobei das Trostlose ist, daß man ihn noch mit h schreiben soll und dieses nicht mehr!

Metaphern

Über ein Shakespeare-Wörterbuch schreibt in der Neuen Freien Presse ein Herr, der mit dem Wort auf einem so beschaffenen Fuß steht: Shakespeares Welt sei eine Insel der Seligen, die ›jeder verlangenden Hand ihre goldenen Früchte reicht‹.

> Allerdings auch ein Eden mit *einigen* Bäumen der Erkenntnis, *von denen* es mehr als genug *harte Nüsse zu brechen gilt.*

Abgesehen von der Schwierigkeit der Vorstellung, daß es etliche Bäume der Erkenntnis gibt und daß es Nußbäume der Erkenntnis sind, kann man von einem solchen zwar Nüsse ›brechen‹, nämlich pflücken, aber für die Schwierigkeit dieses Brechens ist es völlig irrelevant, ob sie mehr oder weniger hart sind. Eine ›harte‹ Nuß brechen kann nur heißen: sie aufbrechen, nachdem sie schon vom Baum gebrochen ist. Das meint er aber nicht, sondern er meint, daß es die Früchte *vom* Baum der Erkenntnis zu brechen ›gilt‹, was wieder darum seine Schwierigkeiten hat, weil es ja verboten ist. Item, er meint, es gelte, die Nüsse von den Bäumen zu brechen. Sie aufbrechen ist erst das nächste, was zu geschehen hat. Denn:

> Daß ein Forscher, der wie ein *wetterfester* und *scharfäugiger Fährtensucher* den Wegen Shakespeares zu folgen gewohnt und gewillt ist, auch zahlreiche dieser harten Nüsse zu *entkernen* vermag, davon zeugt fast jede Seite in Kellners letztem Buch.

Natürlich: es gehörte noch keine Kraft dazu, die harten Nüsse vom Baum zu pflücken, jetzt erst, beim Entkernen, muß sie sich an der Härte bewähren. Warum einer aber dazu ein wetterfester und scharfäugiger Fährtensucher sein muß und was ein solcher überhaupt im Paradies zu suchen hat, mag jener wissen, dessen Wege noch unerforschlicher sind als die Shakespeares.

sollte nur, wer ein Liebhaber ist. Sie auszujäten zeugt von einem schlechten Geschmack, von einem, der da wünscht, daß in der Zeitung nur korrekte Phrasen wachsen. Stilblüten sind die glücklichen Ausnahmen, denen wir in der Wüste der Erkenntnis begegnen. Und ist es nicht von einer ergreifenden Symbolik, wenn einer Zeitung der Satz gelingt:

> ›Sterbend wurde sie ins Spital gebracht, wo sie einem toten Kinde das Leben gab.‹

Geschieht das nicht unser aller gemeinsamen Liebsten, der Kultur? Sterbend wurde sie in die Redaktion gebracht und gebar die Phrase. Ach, wer doch dem toten Kind das Leben gäbe! Er würde die Mutter retten.

Angesichts

des folgenden Memorandums, das die Delegierten der außerordentlichen öffentlichen Professoren aller österreichischen Hochschulen dem Parlamente überreicht haben und das von den Worten:

> Angesichts des Umstandes, daß die außerordentlichen öffentlichen Professoren an allen Hochschulen bisher – in Widerspruch zu den Besoldungsgrundsätzen, wie sie allgemein für den Staatsbeamtenorganismus gesetzlich festgelegt sind – insofern zurückgesetzt erscheinen, als sie nicht den Gehalt ihrer Rangsklasse (gegenwärtig der siebten) beziehen, ein Zustand, der gleichermaßem dem

Rechte wie der Billigkeit widerspricht; angesichts der weiteren Tatsache, daß auch für die außerordentlichen öffentlichen Professoren beim geltenden Rechtszustande der Kollegiengelderbezug wegfällt, der früher bis zu einem gewissen Grade eine Ausgleichung zwischen dem ihnen gesetzlich zuerkannten und dem ihnen nach ihrer Rangsklasse gebührenden Gehalte bewirkte; angesichts ferner der Entwicklung, die es dazu gebracht hat, daß das Extraordinariat längst aufgehört hat, durchweg ein Provisorium auszumachen, und sich für allzu viele auch dann zu einem Definitivum gewandelt hat, als für das von ihnen vertretene Fach Ordinariate systemisiert sind, um so mehr aber, wo dies nicht der Fall ist; angesichts des unleugbaren Umstandes, daß eine materiell mehr als bisher gesicherte Stellung die unerläßliche Voraussetzung für wissenschaftliche Arbeit, für die Lehre gleichermaßen wie für die Forschung bildet; angesichts schließlich der herrschenden Teuerungsverhältnisse, die in allen Staatsbeamtenkategorien das Streben nach Besserung ihrer materiellen Lage ausgelöst haben und natürlich um so mehr das Streben der außerordentlichen öffentlichen Professoren nach Zuerkennung der Bezüge gerechtfertigt erscheinen lassen, die ihnen nach ihrer Rangsklasse gebühren, fordern die Delegierten der außerordentlichen öffentlichen Professoren aller österreichischen Hochschulen eine Änderung des gegenwärtigen Rechtszustandes im folgenden Sinne: Die außerordentlichen öffentlichen Professoren aller Hochschulen stehen in der der Rangsklasse der Ordinarien nächstfolgenden Rangsklasse und beziehen nebst der systemmäßigen Aktivitätszulage den Stammgehalt ihrer Rangsklasse (beim gegenwärtigen Rechtszustande also 4800 K) und drei annähernd gleiche Quinquennalzulagen, die für sämtliche außerordentlichen öffentlichen Professoren, mag nun ihre Besoldung gleich von ihrer Ernennung an oder erst in einem späteren Zeitpunkt eingetreten sein, vom Ernennungstage an –

bis zum Ende dieses Satzes zu lesen bis jetzt nicht möglich war, so daß die weiter unten stehende Bitte um Einleitung der nötigen Schritte zur Verwirklichung obenstehender Wünsche möglicherweise unerfüllt geblieben ist, sowie angesichts des Umstandes, der ein Zustand ist, der gleichermaßen der Grammatik wie der Lebensfreude widerspricht; angesichts des Umstandes, daß beim geltenden Zustande alles wegfällt, was früher bis zu einem gewissen Grade eine Ausgleichung zwischen dem ihnen offiziell zuerkannten und dem ihnen nach ihrer Rangsklasse gebührenden Bildungsgrade bewirkte; angesichts ferner der Entwicklung, die es dazu gebracht hat, daß das schlechte Deutsch längst aufgehört hat, ein Provisorium auszumachen, und sich für allzu viele auch dann zu einem Definitivum gewandelt hat, als sie Hochschulprofessoren geworden sind, um so mehr aber, wo dies nicht der Fall ist; angesichts des unleugbaren Umstandes, daß eine grammatikalisch mehr als bisher gesicherte Stellung die unerläßliche Voraussetzung für wissenschaftliche Arbeit, für die Lehre gleichermaßen wie für die Forschung bildet; angesichts schließlich der herrschenden Teuerungsverhältnisse, die in allen Staatsbeamtenkategorien die Anschaffung einer deutschen Grammatik vor der Abfassung eines deutschen Memorandums unerschwinglich gemacht und natürlich um so mehr das Streben der außerordentlichen öffentlichen Professoren nach Zuerkennung eines Bildungsgrades, der ihnen nach ihrer Rangsklasse gebührt, erschwert haben, fordere ich für die Delegierten der außerordentlichen öffentlichen Professoren aller österreichischen Hochschulen eine Änderung des gegenwärtigen Zustandes im folgenden Sinne: Die außerordentlichen öffentlichen Professoren aller Hochschulen stehen auf der der außerordentlichen Bildungsstufe der öffentlichen Volksschüler aller Volksschulen nächstfolgenden Bildungsstufe und beziehen, mag nun ihre stilistische Unfähigkeit gleich von ihrer Ernennung an oder erst in einem späteren Zeitpunkt eingetreten sein, eine Quinquennalzulage zum Bezuge eines ordentlichen geheimen Unterrichts. Damit nämlich nicht angesichts dieser Umstände Zustände einreißen, die angehörs eines solchen Memorandums möglicherweise nicht zu der Einleitung der nötigen Schritte zur Verwirklichung obenstehender, aber sonst berechtigter Wünsche führen könnten, um so mehr aber, wo dies nicht der Fall ist!

Eine Lanze zugunsten der Telephonistinnen

lautet eine Aufschrift. Hier dürfte die Phrase wohl die weiteste Distanz zwischen den Begriffswelten durchmessen haben und schon ein wenig ruhebedürftig sein. Der Redaktionsdiener soll die Lanze in den Papierkorb werfen.

NACHHILFE

> – – Man sagt, er (O'Neill) sei der Begründer einer *autochtonen, amerikanischen* Theaterdichtung. Es ist festzustellen, daß auch diese *autochtone* Literatur fest auf europäischen Traditionen ruht. Das Volksstück . . . fußt noch so ziemlich im konsequenten Naturalismus. – – – Doch sein (Homolkas) Talent steht dabei ganz außer Zweifel. Herr Kalbeck, der die Vorstellung inszeniert hat, erweist sich auch *damit* wieder als vorzüglicher Regisseur. In den Strnad-Schülern Niedermoser und Wenzel, von denen die Dekorationen waren, lernt man *ein paar viel versprechende* Bühnenkünstler kennen. f.s.

Dieser Salten ist so sehr Autodidakt, daß man schon ein bisserl nachhelfen muß. Seine Anlagen wurden zu früh dem Schutze des Publikums empfohlen, und daß ein Autodidakt mit dem Autochthonen Schwierigkeiten hat und glaubt, man müsse jetzt immer das h weglassen, ist kein Wunder. Auch kann man nur sagen, Herr O'Neill sei der Begründer einer autochthonen amerikanischen Theaterdichtung, ohne Komma, weil dieses bedeuten würde, daß er der Begründer einer autochthonen Theaterdichtung, und zwar einer amerikanischen, ist. Sein Volksstück kann ferner nie ›im‹, sondern nur auf dem konsequenten Naturalismus fußen. Und wenn Herr Halbeck sich ›damit‹ wieder als vorzüglicher Regisseur erweist, so ist es ein stilrhythmischer Zwang, seine vorzügliche Regie an der Tatsache bewiesen zu sehen, daß Herrn Homolkas Talent außer Zweifel steht, was einen Unsinn ergibt; gemeint ist aber offenbar, daß er sich durch die Vorstellung als vorzüglicher Regisseur erweist, also ›durch diese‹ oder in ihr. Vollends unmöglich ist, daß die Herren Niedermoser und Wenzel ein paar, also einige, viel versprechende Bühnenkünstler sein sollen. Da kein Mensch ein paar Füße hat und die beiden Gracchen nicht ein paar Gracchen sind, so kann man es in den Herren Niedermoser und Wenzel nur mit einem Paar vielversprechender Bühnenkünstler zu tun haben, also im Genitiv und natürlich in einem Wort, weil sie sonst am Ende viel versprechen, was sie nicht halten, wobei es freilich noch zweifelhaft bleibt, ob man Dekorationsmaler überhaupt ›Bühnenkünstler‹ nennen kann. Kurzum, es ist nicht leicht. Aber gern erkläre ich mich bereit, den Herren von der Kritik, ehe sie ihre Manuskripte in Druck geben, mit Rat und Tat beizustehen. Auf einen Tag wirds schon nicht ankommen, und mir selbst blieben arge Umständlichkeiten erspart, indem ich ja doch oft, wenn ich aus streng sachlichen Gründen zitieren will und es sich um nichts weiter handelt, als eine Dummheit oder Gemeinheit zu reiner Geltung zu bringen, vorerst die Stil- und Grammatikfehler ausmerzen muß, deren Sperrung im Nachdruck mit den Hinweisen auf das Wesentliche kollidieren würde. Ich habs also noch weit schwerer, und beiden Teilen könnte geholfen werden. Ein für allemal verspreche ich, daß ich am Gedanken nichts ändern würde, ja in Ausnahmefällen sogar besonders verhatschte Satzwendungen, die ich wieder gern zitiere, unversehrt ließe. Den ganzen Text der Wiener Zeitungen kann ich nicht zur Redigierung übernehmen, aber die Arbeiten der feineren Literaten betreue ich gern, um wenigstens aus dem Gröbsten herauszukommen. Wenn theoretische Mahnungen wirken möchten, würde ich ja öfter die Bitte aussprechen, nicht *›an‹* sie zu vergessen, und ich brauchte nur zu sagen, es genüge nicht zu glauben, daß man nur *›schreiben braucht‹*, um zu schreiben. Die Voraussetzung jeder literarischen Tätigkeit ist doch wohl ein gewisses Stilgefühl, das ich aber den meisten Wiener Feuilletonisten, die da meinen, man könnte es ihnen *›zumuten‹*, nicht *zutraue*. Denn zutrauen (glauben) kann ich nur eine Fähigkeit – die hier nicht vorhanden ist, zumuten jedoch (begehren) kann ich nur ein Tun – von dem hier nicht die Rede ist –, während ich etwa eine *Unterscheidung* von Begriffen (als Handlung wie als die Fähigkeit dazu), die man einem sowohl zumuten wie zutrauen kann, ihnen weder zutrauen noch zumuten kann. So haben wirs denn schwer miteinander, und ich wette, daß sie diesen Satz nicht verstehen. Ich habe es aber wie gesagt schwerer mit ihnen als sie mit mir, da ihnen ja was sie schreiben Wurst ist, während ich mirs zu Herzen nehme. Zum Beispiel bin ich so pedantisch, die richtige Pluralbildung ›die Trottel‹ selbst von solchen zu verlangen und nur im Dativ ihnen das ›n‹ zu erlauben, das sie sich auch im Nominativ und jenseits aller Absicht des Idiotismus, ich meine des mundartlichen Ausdrucks, zulegen. Mit Unrecht halten sie auch das ›s‹ für mehrzahlbildend und schreiben ›die Fräuleins‹, aber dafür ›des Fräulein‹. Ich vermute, daß sie jedesmal schwanken, wissend, daß hier eine Klippe ist, und jedesmal sich für diese entscheiden. Hier läßt sich aber leicht Abhilfe schaffen, indem sie sich nur immer an

›die Mädchen‹ zu erinnern brauchen (zu!) und ›des Mädchens‹ nicht vergessen dürfen (aber ja nicht: an das Mädchen; das würde nichts helfen). Manchen gibt es, der ›*den* Fesseln *entraten* ist‹, nämlich denen der Grammatik, was nur daher kommt, daß er dem Unterricht in diesem Gegenstand *entronnen* ist und da er des Gefühls für ihn *entbehrt,* auch des Rats entbehren zu können meint. Dem grammatischen Libertiner ist jedes Hilfszeitwort recht, aber da ist keine Rettung, weil eben ›der Schule entraten haben‹ nun einmal ihrer entbehrt haben bedeutet und nicht wie er wähnt: ihr entronnen sein, also hier mit ›haben‹ und nicht mit ›sein‹ konjungiert und mit dem Genitiv, nicht mit dem Dativ konstruiert werden muß. Die Herren haben sich von Kindheit an arg vernachlässigt, und schwer büße ich ihre Bildungslücken. Temperament kann über den Mangel nicht hinweghelfen, und wenn sie auch so leicht in *›Extase‹* geraten; an mir ist es dann, an solchen Geringfügigkeiten, auf die es doch in der Literatur gar nicht ankommt, in Ekstase zu geraten. Autochton oder autochthon, das ist doch unter denen, die es zumeist nicht sind, ganz egal, und schließlich leisten sie ja für das h wieder Ersatz, indem sie sich ›*peripathetischen* Neigungen‹ hingeben, weil sie glauben, daß solche vom Pathos kommen, und wohl wissen, daß dieses sich nicht der neuen Orthographie beugt, die als Ortographie auch keine Rechtschreibung wäre. Denn das wäre zwar nicht *›abnormal‹*, welches sie mit ›abnorm‹ verwechseln, wohl aber anormal, welches eine griechisch-lateinische Bildung ist, ihnen also mangels ebenderselben fremd. Aber man schöpft da in ein Danaidenfaß, das sie oft für ein Danaergeschenk halten, welches sie wieder mit dem der Danae zu vertauschen pflegen. Mit einem Wort, es sind Autodidakten, und da tut etwas Nachhilfe schon not.

Die sich nicht zu erziehen haben lassen

Ein deutschnationaler Professor ist – bitteres Los – genötigt, sich gegen den Verdacht der Bevorzugung von Ostjuden wie folgt zu wehren:

> Aus Liebedienerei gegen die Studenten habe ich Einseitigkeiten nie begangen und werde sie auch nicht begehen, denn ich bin heute immer noch der Meinung, daß die Professoren die Studenten zu erziehen haben, sich aber nicht von den Studenten erst *zu erziehen haben lassen* ... Ich stelle fest, daß während meines Dekanates keine schrankenlose Aufnahme von Ostjuden erfolgt ist und im Gegenteil die *Aufnahme* der Ostjuden in *weitgehendster* Weise und nach klar umrissenen einheitlichen Normen *herabgedrückt* wurde.

Das war insofern ein Fehler, als ich überzeugt bin, daß sich unter den Ostjuden manche finden, die mehr Gefühl für die deutsche Sprache haben als sämtliche Ostdeutschen. Daß die Aufnahme in weitgehendster Weise herabgedrückt wurde – was auch anstrengend sein muß –, ist sehr bedauerlich. Aber was sollen die ostjüdischen Studenten schließlich ausrichten? Die deutschnationalen Professoren wissen ganz gut, daß sie sich nicht von ihnen zu erziehen haben lassen. Und wenn man sie fragte, ob sie sich nicht vielleicht, nämlich in der deutschen Sprache, haben erziehen zu lassen (oder erziehen zu lassen haben), so würden sie vermuten, daß man sie mit echt talmudischer Spitzfindigkeit hineinlegen will.

Die Phrase im Krieg

Blut ist unter allen Umständen nötig. Barbarische Völker brauchen es, um endlich in den Besitz der Phrase zu gelangen: wir, um die Phrase herunterzuwaschen. Es ist bereits so weit gekommen, daß im Zusammenhang mit der Flottendemonstration der Wunsch ausgesprochen werden kann, es möge eine ›Klippe umschifft‹ oder ein ›Ufer erreicht‹ werden. Klippen lassen sich aber nur auf dem Festland umschiffen, zum Beispiel bei einer Krida, und Ufer werden nur in Plaidoyers erreicht. Seitdem Kaufleute Klippen umschiffen und Advokaten Ufer erreichen, können es die Admirale nicht mehr tun. Wahrlich, man ist im Wasser, wenn auf dem Wasser mit Vergleichen aus dem Wasser gearbeitet wird. In geistig bankerotten Zeiten wird statt der Anschauungsmünze das Papiergeld der Phrase verausgabt. Wenn statt der Dinge Bilder von anderen Dingen bezogen werden, steht es schlimm genug. Aber wenn diese Bilder auch dort noch gebrauchsfähig sind, wo die Dinge schon bei den Dingen sind, wenn Ufer eine Umschreibung für Ufer und Klippe eine Phrase für Klippe ist – dann ist ein Krieg unvermeidlich.

Die Sprache des Dritten Reichs

Aus ›Die Dritte Walpurgisnacht‹ (1933)

... Hätte ich Mut, würde ich mutmaßen, daß eine Prüfung auf Sprachgefühl und grammatikalisches Wissen der Leute, die durch die Forderungen ›Deutschland erwache!‹ und ›Juda verrecke!‹ zu Macht und Vermögen gekommen sind, schon bei der Frage nach der Konstruktion jener auf Schwierigkeiten stößt (oder stoßt, wie sie grundsätzlich sagen und schreiben). Sie wissen bestimmt nicht, daß da ein Komma hineingehört, weil die jeweils genannte Nation, die doch angeherrscht werden soll, nicht die zweite, sondern nur die dritte Person vorstellt und die verlangte Tätigkeit: erwachen oder verrecken, nicht die Befehlsform, sondern bloß die Wunschform annimmt, die ja namentlich im Fall Juda nicht angebracht wäre. Wenn zum Beispiel das sinnverwandte ›Verderben, gehe deinen Gang!‹ (Schiller) ohne Komma dastünde, so würde nicht das Verderben angerufen, sondern etwa ein Führer, dessen Gang es folgen möge. Das Ausrufzeichen sichert noch nicht den Befehl, sondern könnte eine Verstärkung des Wunsches sein. Freilich muß man in dem Zitat, das Deutschland und Juda betrifft, den Fehler übernehmen, der insofern nicht uneben ist, als so brüske Forderung durch Sorgfalt des Ausdrucks abgeschwächt würde. Schließlich standen die Cäsaren immer über der Grammatik, und besser autarkisch nicht deutsch können, als Fremdwörter gebrauchen, von denen man doch nie wissen kann, was sie bedeuten. (Etwa: ›dynamisch‹ oder ›Synthese‹.) Gerade ihr

Ersatz hat zu einer Bereicherung des deutschen Sprachschatzes geführt, um die uns die Nationen beneiden. Sie verdankt sich aber auch den erweiterten Bedürfnissen des Handelsverkehrs, und diese Entwicklung rechtfertigt – letzten Endes – die treuherzige Übernahme jüdischer Bräuche, die Bewahrung einer Inflation der Schiebersprache, der das Schrifttum der Republik Raum gewährt hat und die heute das erwachte Urseelentum in allen Varianten ›hundertprozentig‹ beglaubigt, so daß man sagen kann: ›geht in Ordnung‹. Das Besondere ist aber die Fähigkeit, in eben diesem Geiste schöpferisch fortzusetzen und zu arteigener Neubildung zu gelangen, welche die Sprache dem Bedürfnis einer tiefen Unehrlichkeit anpaßt und dem Hang zur Scheinheiligung, zur Verschleierung schmählicher Sachverhalte gerecht wird. Kaum eines dieser Kommuniqués, das nicht Zuwachs in derlei Hinsicht brächte, wenn Gewalttätigkeit sich in Normen kleidet und etwa der Einbruch in eine Wohnstätte als ›Überholung‹ bezeichnet wird. Oder wenn Mißlingen die Promptheit des Erfolgs darstellt und von einem Prokrustes der Dinge und der Worte ein Kampfbund ›auseinandergegliedert‹ wird. (Auch ich bin dazu genötigt, wenn täglich neue Greuel an Wort und Tat einzubetten sind, wie soeben die ›Reichskulturkammer‹ und die ›Gaukartei‹, die ›Reichsschaft‹ und die ›Fachschaft‹ mit dem ›Reichsfachschaftsleiter‹, der ›Gaukulturwart›, der ›Werberat‹ und alle Ränge bis hinunter zum ›Blockwart‹. Nun, ich sage mir – immer mit Goethe –:

Bist du beschränkt, daß neues Wort dich stört?
Willst du nur hören, was du schon gehört?
Dich störe nichts, wie es auch weiter klinge,
Schon längst gewohnt der wunderbarsten Dinge.

Und gibt es nicht, in diesem großen Bereich halluzinationaler Errungenschaften, vor allem so vieles, das ›getarnt‹ ist, und wenn es nicht ausgerechnet der Verbergung treudeutschen Wesens diente, von eben dessen Bekennern auf einen Tarnopoler Ursprung zurückgeführt würde? Und haben wir nicht dieses überraschende, ja niederschmetternde ›schlagartig‹, womit sowohl das Einsetzen wie der Abbruch eines Boykotts bezeichnet werden kann, je nachdem? Und – daß wir die Hauptsache nicht vergessen – diese noch trostlosere ›Gleichschaltung‹, die nicht einmal die Aussicht bietet, daß uns das Prominente abhanden kommt? Wohl hat Goebbels, der gründliche Kenner journalistischer Mundart, in einem Erlaß verboten, über Regierungsfeste in Ausdrücken zu berichten, ›die in einer vergangenen Zeit angebracht waren‹, also etwa von den ›Spitzen der Gesellschaft‹ zu sprechen, durch welche die soeben Emporgelangten pikiert sein könnten. (Hauptsächlich Göring, der sie eben darum immer wieder gebraucht.) Aber die Gleichschaltung, die sich auf die Reportersprache erstreckt, wird für so etwas, das doch einst deliciae generis humani war, kaum Ersatz gewähren. Gewiß, sie bedeutet für alle Belange des Daseins einen imponierenden Eingriff in die Natur, die das Ungleiche sich gern gesellen läßt, eine schöpferische Vollmacht wie nur jene, die dem Weltkrieg das ›Menschenmaterial‹ zugewiesen hat.

Doch ihr Verfahren, das mit diesem noch weit kürzern Prozeß macht, greift schon auf die Syntax über und auf jegliche Stilistik der Gedanken, aus deren Inhalt sich solches Gewaltwesen zusammensetzt. Vor allem natürlich auf die Nomenklatur, die dem Drang, Zeit zu sparen und Raum zu gewinnen, angepaßt wird. Jener Umsturz der Sprache, jene Bereicherung durch Abkürzung, die uns diese Lautphantome wie Hapag und Wipag, Afeb und Gesiba, Kadewe und Gekawe und all die Zauberformeln beschert hat, diktiert von dem Gesetz, nach dem nun Osaf und Gausaf angetreten sind; man weiß noch nicht, was ominöser ist: wenn die Gestapo, die Fepo oder die Uschla eingreift, wenn die NSBO aufbegehrt oder der DHV sich unterwirft; und das Mene Thekel Upharsin, welches jenes letzte Ende verkündet, könnte nur ein Film der Metufa sein. Seitdem es aber SA und SS gibt, bleibt uns nichts übrig als ein SOS bis nach USA. Das sind Formen der Ausschaltung einer Sprache, die, solange sie sich nicht vollends auf Zeichendeutung reduziert, hinreichend Spielraum für Gleichschaltung gewährt. Es ist zuweilen aber so, als ob deutscher Wille noch den Anspruch erhöbe, für den deutschen Sinn annexionistisch den Sprachraum zu erweitern, geradezu die Grenzen des Sprachdenkens zu verrücken. Man kann sich vorstellen, daß dieser Wortimperialismus Formen widerstrebt, die ihm etwas von der Fügsamkeit und Umgänglichkeit der ihm verhaßten ›âme latine‹ zu enthalten scheinen, welche ja seit dem Krieg durch unerbittliche »Eindeutschung‹ bestraft wurde. Der Monsieur als Titel ist eo ipso auf den Herrn herabgesetzt; aber in rauherer Zeit wurden Gelegenheiten, die auch den Kundgebungen einer âme latrine vorbehalten sind, für ›Männer‹ und ›Frauen‹ bestimmt. (Daß ich hier wie auch sonst die Vorstellung von Nietzsches ›Männlein und Weiblein‹, die nicht minder deutsch ist, ablehne, ist meine persönliche Idiosynkrasie – wie etwa gegen Hojotoho und Wagalaweia.) Doch wo sie sich öffentlich versammeln, hat man immer noch, gemäß den ›Mesdames et Messieurs‹, die Ansprache an ›Meine Damen und Herren‹ gepflogen. Diesem ›mein‹ liegt das gelinde Gefühl einer Beziehung zugrunde, keineswegs die Absicht der Besitzergreifung. Sie hat sich erst im Deutschen Reichstag vollzogen, als wir – schlagartig – die nicht durchdenkbare Formel empfingen:

Meine Männer und Frauen!

Da insbesondere meine Frauen, wenigstens im Abendland, sich als Vielheit schwerlich der normalen Besitz-Vorstellung anpassen, so kann nur die einer Gefolgschaft von Mannen und Männinnen Platz greifen, wie sie dem Begriff des Führertums ja tatsächlich entspricht. Nennen wir es Expansionsdrang oder Wortgewalt – sprachliches Neuland wäre erobert ...

... Goebbels ist ein Kenner aller einschlägigen Terminologie, deren Verwendung dem Asphaltschrifttum nicht mehr möglich ist. Er hat die Einstellung wie die Einfühlung, er kennt den Antrieb wie den Auftrieb, die Auswertung wie die Auswirkung, die szenische Aufmachung, den filmischen Aufriß wie die Auflokkerung und was sonst zum Aufbruch gehört, er hat das Erlebnis und den Aspekt, und zwar sowohl für die Realität wie für die Vision, er hat Lebensgefühl und Weltanschauung, er will das Ethos, das Pathos, jedoch auch den Mythos, er besorgt die Einordnung wie die Gliederung in den Lebensraum und den Arbeitsraum der Nation, er umfaßt den Gefühlskreis der Gemeinschaft und die Vitalität der Persönlichkeit, er bejaht das Volksmäßige wie das Übernationale und bevorzugt die Synthese, er verleiht Impulse und gibt Andeutungen im Peripherischen, ehe er zur zentralen Erfassung gelangt, um das Latente zu verankern und das Problematische im Zerebralen herauszustellen, er weiß Bescheid um Epigonisches und um Werdendes, wertet das Wollen, erkennt das Gewollte, wie daß Kunst ein Gekonntes ist, würdigt das Gelöste, das Aufgeschlossene, das Geformte, und kann zwischen einem Gestuften und einem Geballten unterscheiden, ja ich vermute, daß er sogar im Kosmischen orientiert ist; jedenfalls sieht er Entwicklungsmöglichkeiten und bestimmt gefühlsmäßig den Typ, der sich zwangsläufig, aber letzten Endes doch in der Geschmacksbildung auswirkt, er weiß, daß, wenn die Willensbildung zur Willenseinheit und von hier zur Tateinheit und Kultureinheit vordringt, Sturm und Rhythmus prominente Faktoren bilden und daß es dann zwar aufs Ganze geht, aber zunächst aufs Stählern-Romantische – kurzum, ihm wird man nichts vormachen, was man ehedem in der Kulturkonfektion von B. T. oder B. Z. gefunden hat und was, ob neudeutsch oder neujüdisch, auf die Gegend wies, wo kein Gras wuchs außer jenem, das sie hörten . . .

Meinungen, Richtungen, Weltanschauungen – es kommt doch zuerst und zuletzt auf nichts anderes an als auf den Satz. Die ihn nicht können, fangen beim Lebensinhalt an, welchen sie infolgedessen nicht haben und welcher da ist, wenn der Satz gelingt. Es wird kaum je einen Autor gegeben haben, dem Stofflicheres, Wirklicheres, Zeitlicheres abgenommen werden konnte als dem, der meine Schriften geschrieben hat, und doch habe ich mich mein Lebtag um nichts anderes als um den Satz geschoren, darauf vertrauend, daß ihm schon das Wahre über die Menschheit, über ihre Kriege und Revolutionen, über ihre Christen und Juden, einfallen wird. Wenn man es las, war es Politik. Wenn man liest, was ich davon halte, ist es l'art pour l'art. Das kommt davon, daß man weder jenes noch dieses versteht, und davon kommt, daß alle Kritik, aller Widerspruch und aller Einwand von ›Widersprüchen‹ an mir abgleiten muß, von mir nur beachtet und gefürchtet wie alles, dessen Stumpfheit mich anregt und das mich betrifft, auch wenn es mich nicht meint. Ob es nun so ist, daß mich der Stoff überwächst oder ob ich an der Unmöglichkeit, ihn zu bestreiten, wachse; und in welche Beziehung man mich immer zu dieser Wirklichkeit setzen will, und ob meine Feinde glauben, daß ich Mücken seige und Kamele, so groß wie sie, verschlucke: ich bleibe ihrer Kritik unerreichbar, weil ich weder dies noch jenes tue, sondern Sätze schreibe. Weil das bisher in der deutschen Literatur noch so selten der Fall war und ganz gewiß nie mit solch erschöpfender Ausschließlichkeit des Interesses an dem, was den Beruf des Schriftstellers ausmacht, so sind es die Leser nicht gewohnt, es verwirrt sie, und sie sprechen darum, da sie ja doch von etwas sprechen müssen, so gern von etwas anderm, was mit dem Beruf des Schriftstellers gar nichts zu tun hat, und legen ihm dessen Erfüllung als Marotte und das Bewußtsein um dessen Erfüllung als Eitelkeit aus. Denn nichts verstehen die Menschen weniger, über nichts staunen sie mehr, als daß der Schriftsteller es mit dem Wort, der Maler es mit der Farbe zu schaffen haben möchte; daß sie Erlebnisse haben möchten, die nicht das geringste mit dem eigentlichen Gegenstande zu schaffen haben, also mit einer Gerichtsverhandlung oder mit einer Madonna. Sie maßen sich in diesen Dingen ein Urteil aus dem Grunde an, weil ja, soweit sie in der Anordnung der Worte und der Farben den Gegenstand erkennen, doch wirklich so etwas wie die Gerichtsverhandlung oder die Madonna herauskommt, und dies eben gibt ihnen das Recht, diese und jene zu agnoszieren. Anstatt der Kunst dankbar zu sein, daß sie einen den Gegenstand verkennen lehrt, ›stehn sie hier auf ihrem Schein‹. Würden sie einen Satz so oft lesen, als er erlebt wurde, so würden sie den Gegenstand nicht mehr sehen, den sie beim einmaligen Lesen eben noch erkennen. Die von mir sagen, daß ich einen guten Stil schreibe, wissen das sicher nur vom Hörensagen; denn in Wahrheit ist für sie noch nie ein schlechterer geschrieben worden. Die Erlaubnis, auf Druckfehler aufmerksam zu machen, hat dies in einer umfassenden Weise offenbart. Man könnte aus den Fällen, wo ein

Sprachwert als Druckfehler angezeigt wird, einen Roman der wildesten Abenteuer des Geistes, also eine Sprachlehre machen. Es ›jückt‹ mich in den Fingern. (Auf diese Begegnung einer faustischen mit einer jüdischen Nuance in einem Vokal haben etliche Leser von ›Literatur‹ als auf einen Druckfehler aufmerksam gemacht.) Stil kann man getrost als das definieren, was der Leser nicht versteht. Denn er ist schon dadurch, daß er die Sprache spricht, der Fähigkeit überhoben, sie zu hören. Er ist und bleibt auf nichts anderes eingestellt, als daß der Autor die Meinung, die er als der vermutlich Klügere haben könnte, ihm sage, die Gegenmeinung oder alles ironisch Gemeinte in Gänsefüßchen setze, und wenn er dazu noch einen Gedanken hat, den der Leser von ihm nicht erwartet, auf diesen durch einen Gedankenstrich schonend vorbereite, damit er ihm nicht entgehe. Daß Stil nicht der Ausdruck dessen ist, was einer meint, sondern die Gestaltung dessen, was einer denkt und was er infolgedessen sieht und hört; daß Sprache nicht bloß das, was sprechbar ist, in sich begreift, sondern daß in ihr auch alles, was nicht gesprochen wird, erlebbar ist; daß es in ihr auf das Wort so sehr ankommt, daß noch wichtiger als das Wort das ist, was zwischen den Worten ist; daß dem, der im Wort denkt wie ein anderer in der Farbe und wieder ein anderer im Ton, es nicht nur die Welt aufmacht, sondern sie auch wechseln läßt, wenn jenes da steht oder dort; daß nicht immer nur eine Mehlspeise, sondern manchmal auch ein Gedicht ein solches sein kann, ja sogar eine Prosazeile, und daß weit hinter dem Begreifen des

Sinns eine Letter ein Gedanke sein könnte: solcherlei geht dem Leser so wenig ein, daß er vor dem klarsten Abbild jenes Erlebnisses, in dem nur die Verbindung von Sprachlichem und Stofflichem ein Rätsel bleibt, strauchelt und den Satz, der alles, was in ihm enthalten ist, sich selbst verdankt und darum von selbst versteht, mißversteht. Der intellektuelle Ehrgeiz, das ›verstehen‹ zu wollen, was nur empfunden werden darf, um aufgenommen zu werden, was nur gesehen und gehört werden muß, wie es empfunden wurde, spielt, vom Dummkopf aufwärts, beim Lesen die verhängnisvollste Rolle. Was die Verstandesmäßigkeit aber am schlechtesten kapiert, ist die Ironie, die sie herausfordert. Da sie sich um keinen Preis wiedererkennen will, so wird das einfache Hinausstellen dessen, was sie denkt, die ironische Wiederholung ihres Motivs, bei ihr am wenigsten verfangen. Sie wird es für die Meinung des Autors halten. Ein Satz hat vor ihr nie ein Gesicht, er lacht nicht, er spielt und schielt nicht, er zwinkert nicht, sondern er hat die Meinung, die er hat, wenn man ihn aus der psychischen Situation, in der er steht, herausschneidet.

Einer der ergiebigsten Fälle, die mir je untergekommen sind, ist der folgende: Da hat einmal, vor dem Krieg, eine jener deutschen Lese- und Redehallen, deren Mitglieder weniger lesen und mehr reden als unbedingt notwendig ist, an einen deutschen Dichter, der zeitweise wirklich einer war, eine jener Kundgebungen gerichtet, die zwar flammen und zünden können, deren Pathos aber durch den Humor, den es verbreitet, zugleich gelöscht wird. Sie sprach davon, daß Zorn und Empörung uns die Feder in die Hand drücke, uns, ›auf deren Fahnen die Freiheit des Geistes und der Wissenschaft geschrieben steht und die wir in einem Lande leben, wo Haß und Heuchlertum gar manche häßliche Erfolge zu zeitigen vermochten‹. Die Geschichte spielt also in Prag: wo ›wir wissen, was es bedeutet, wenn falsche Unterwürfigkeit und launische Willkür ungebärdiger Höflinge die Wahrheit in den Staub zu zerren vermag. Doch zu herbstem, bitterstem Ingrimm wächst unser Unmut, wenn –‹ Ich fuhr dazwischen. Gerhart Hauptmann war – man sollte es nicht für möglich halten, aber es ist Tatsache – der ›zurückgezogenste Dichterfürst‹ genannt worden, kurzum, es war ein Deutsch, das schon ohne alle Bomben auf Nürnberg ein Kriegsgrund war und vor dem es jede Sau im deutschen Lande, jedoch nicht dessen Bürger graust: die Sprache derer, die zwar deutsch fühlen, aber nicht können. Ein Lebenszeichen jener durch Not und Tod unverwischbaren Couleur, die darum noch heute, öffentlich oder privat, in Wäldern oder in Vereinen, auf Anstandsorten oder außerhalb, dem Vaterland zuspricht, daß es ruhig sein mag, aber selbst nichts dazu tut, sondern im Gegenteil Lärm macht. Die rote Kappe auf dem Kopf, das schwarze Brett vor und den weißen Terror im Kopf, war diese Geistigkeit in Prag durch den freisinnig-jüdischen Einschlag wesentlich gemildert, wenngleich in der Phraseologie unverkürzt. Ich habe nun, da ich – in kriegsferner Zeit – mit dem zurückgezogensten Dichterfürsten das Schicksal teilte, eine Einladung zu einem Vortrag vor solchem Auditorium zu bekommen, alle Elemente jenes sittlichen Pathos auf meinen Fall bezogen und geschrieben:

> Auch ich habe dort einmal einen Vortrag gehalten, und ich weiß, was es bedeutet, wenn Jugend, die nicht falscher, nur echter Unterwürfigkeit fähig ist, mich in der Pause um hundert Autogramme bittet, meinen Namen in das goldene Buch des Vereins einträgt, mich stürmisch zu einem zweiten Vortrag auffordert, und wenn dann die Freiheit des Geistes zaghaft wird, zurückweicht, sich davonschleicht wie die Bürger in ›Egmont‹ und sich nicht traut, den zweiten Vortrag zu veranstalten, weil der zweitzurückgezogenste Dichterfürst, der Hugo Salus, etwas dagegen hat und weil deutsch gesinnte Jünglinge in einem Lande, wo Haß und Heuchlertum – *bei den Tschechen* – gar manche Erfolge zu zeitigen vermochten, auf die Gefahr aufmerksam gemacht wurden, daß es ihnen in der Karriere schaden könnte.

Und nun rate man, bei welcher der beiden Nationen – bei den Tschechen oder bei den Deutschen – mir diese Bemerkung in meiner Karriere schaden mußte. Bei den Deutschen? Nein, ›bei den Tschechen‹! Denn ich hatte den Zwischensatz doch offenbar hingeschrieben, um mich bei den Deutschen beliebt zu machen und nur ja zu betonen, daß ich *ihnen* Haß und Heuchlertum keineswegs vorwerfen wolle. Wofür ja schon das Lob der deutsch gesinnten Jünglinge spricht, die einem Lande, wo die Tschechen sich so heuchlerisch gebärden, sich in geistigen Angelegenheiten um ihre Karriere besorgt zeigen. Dieses ›bei den Tschechen‹ nun sollte mein Charakterbild, nicht mehr von der Parteien Haß und Gunst verwirrt und nicht mehr in der Geschichte schwankend, sondern ganz eindeutig als das eines ausgesprochenen Tschechenfeindes überliefern, und schon vor dem Krieg hat es diese Mission erfüllt, indem es einer aus eben jener Geistesmitte in einer Hochschulzeitschrift den Tschechen denunziert hat mit dem eingestandenen Zwecke, zu verhindern, daß die tschechische Presse fürder Notiz von mir nehme. Und nach dem Krieg, als ich, auf das kurze Gedächtnis meiner Prager Kenner spekulierend, mich an die Tschechen anbiedern wollte, wurde es mir (vielleicht von derselben Feder) als Dokument entgegengehalten. Es war mein eigener Text, ja mein eigener Druck, den ich wiedererkennen mußte, die Stelle war angestrichen, und der Absender hatte an den Rand geschrieben: ›K. K. der jetzige Tschechenfreund!‹ Daß es mir wenigstens nicht gelänge, mich über diesen krassesten meiner Widersprüche hinwegzuschwindeln. Gelingt es mir aber trotzdem, so würde ich doch meinem Schicksal nicht entgehen, da ja künftig jeder Leser mir nun die Seite angestrichen ins Haus schicken könnte, auf der ich soeben zugegeben habe, daß ich mich eines krassen Widerspruchs schuldig machte. (Und doch wieder von dem Lande gesprochen habe, wo die Tschechen sich so heuchlerisch gebärden.) Da hülfe mir dann nichts mehr. Außer, ich kehre zu der Methode älterer Ironiker zurück, deren beißender Spott auch dem Minderbemittelten zugänglich war, indem sie sich einen Setzerlehrling hielten, der ihnen mit einer Anmerkung in die Rede fiel, ei ei oder hi hi machte, guck guck oder schau schau, und der in diesem Falle todsicher ausgerufen hätte: »Bei den Tschechen? Soll wohl: Bei den Deutschen heißen?

Anm. d. Setzerlehrlings«. Ich glaubte mit zwei Gedankenstrichen mein Auslangen zu finden. Einer wäre mehr gewesen. Dieser, oder der Setzerlehrling, oder irgendeine Bitte an den Leser, mich nicht mißzuverstehen, da ichs ja nur ironisch meine, und dieser böhmische Löwe sei gar kein Löwe, sondern bloß eine Retourkutsche gegen die Deutschen – so irgendwas, oder Gänsefüßchen und Eselsohren, alles, nur nicht die Sprache selbst, es hätte mich vor jedem Mißverständnis bewahrt, oder ich hätte mir wenigstens bei den Tschechen nicht geschadet, welche zwar nicht Deutsch verstehen, aber immerhin doch besser als die Deutschen.

Die Wortgestalt

Als das stärkste Beispiel, wie im hingestellten Wort zugleich eine Situation mit ihrem ganzen Hintergrund dasteht und der sie beherrschende Charakter mit allen Schauern, die von ihm in alle Entwicklung und dramatische Fortsetzung ausgehen, schwebt mir eine Stelle aus dem Schluß des II. Teils von Heinrich dem Sechsten vor. Wie viele Menschen gibt es, die Bücher lesen, und wie wenige dürften wissen, daß solch ein Wert den vielen unerschlossen ist! Mir ist im ganzen großen Shakespeare nichts bewußt, das sich dieser Wirkung, von einem Wort bewirkt, an die Seite stellen ließe, wiewohl wahrscheinlich die deutsche Sprache daran mitgewirkt hat. Es steht am Beginn von Glosters blutiger Laufbahn und öffnet gleichsam das Höllentor der Richard-Tragödie. Von den drei Brüdern hat soeben König Eduard Margarethas Sohn durchstochen, Gloster sticht nach, Clarence folgt. Da Gloster auch die Mutter umbringen will, mahnt Eduard ab: Wir taten schon zu viel. Während sie in Ohnmacht fällt, wird Gloster von einem Entschluß gepackt:

Clarence, entschuld'ge mich bei meinem Bruder.
In London gibts ein dringendes Geschäft:
Eh ihr dahin kommt, sollt ihr neues hören.
Clarence.
Was? Was?
Gloster.
Der Turm! der Turm! (ab)

In der nächsten Szene – Zimmer im Turm – wird dann Heinrich, mit einem Buch in der Hand, abgestochen von einem, ›der nichts weiß von Mitleid, Lieb' und Furcht‹ und der ›Zähne im Kopf bei der Geburt hatte‹. ›The tower! the tower!‹ könnte nicht so das Schrecknis malen, oder es mag an dem Grausen des Rufs die Vorstellung der Lokalität ihren Anteil haben. Dieses ›Der Turm! der Turm!‹ ist ein unüberbietbarer Eindruck. Wie wenn darin einer säße, der einem unerbittlichen Gläubiger sein Blut schuldet. Und doch zugleich wie eine Mahnung an die Blutschuld dessen, der ihn beruft, richtet der Turm riesengroß sich auf. Dieser Richard aber weiß, was seine Pflicht ist. Nachdem man die Königin abgeführt hat, fragt Eduard, wohin er verschwunden sei.

Nach London, ganz in Eil, und wie ich rate,
Ein blutig Abendmahl im Turm zu halten.

Da kann Eduard nicht umhin, der Tüchtigkeit dieses

Bruders, der ein Mordskerl ist, Gerechtigkeit widerfahren zu lassen:

Er säumt nicht, wenn was durch den Kopf ihm fährt.

Der Turm aber steht da, und wenn seine Vorstellung noch ein anderes Bewußtsein zuließe, würde man sich fragen, was alle Theaterdekorationen der Welt vor diesem Wortbau eines Wortes vermöchten. Wie dieser ungeheuren Fügung ein Monstrum in Menschengestalt entspringt, wird erst – im Unterschied zweier dramatischer Abgänge – die ganze Macht wie Ohnmacht des Wortes sinnfällig, wenn man dem offenen Höllentor jenes Rufs das dem Mephistopheles verschlossene entgegenhält: wie dort das Wort vermag, was hier Worte versäumen.

Doch in der Goetheschen ›Pandora‹: der Wortbrand in der Feuerbotschaft der Epimeleia, der Chor der Krieger, Annäherung und Entfernung des ersehnten Trugbilds in den cäsurversunkenen Versen des Epimetheus – es müßte, immer wieder, auf solche Wunder darstellend hingewiesen werden. »Wenn nach Iphigeniens Bitte um ein holdes Wort des Abschieds der König ›Lebt wohl‹ sagt, so ist es, als ob zum ersten Mal in der Welt Abschied genommen würde, und solches ›Lebt wohl!‹ wiegt das Buch der Lieder auf und hundert Seiten von Heines Prosa.« (Heine und die Folgen.) Das Geheimnis der Geburt des alten Wortes: niemals noch hat ›die Stunde‹ so geschlagen, niemals noch währte ein Atemzug so die Ewigkeit wie in den vier Zeilen von Claudius' ›Der Tod‹; nie stand ein Wald so schwarz und still, nie stieg der weiße Nebel so ›wunderbar‹ wie in dem ›Abendlied‹. In der neueren Wortkunst möchte ich dem ›Tibetteppich‹ Else Lasker-Schülers einen das überhaupt nicht Vorhandene überragenden Rang einräumen. Meine eigenen Schriften gebe ich als Gesamtheit her für einige Stellen, in denen das, worauf es ankommt und wozu überall der Weg beschritten ist, mit einer fast den eigenen Zweifel besiegenden Unabänderlichkeit erfüllt scheint. Es sind, von außen besehen, Beispiele anderer Art als jene, wo ein Turm, ein Wald, ein Brand, ein Gewebe schon als die Wortkulisse den Prospekt der Phantasie stellen. Aber weil die eigentliche Schöpfung die Materie der Vorstellung überwindet und ihr selbst die Schönheit, die der Geschmack ihr absieht, nichts anhaben könnte, so beweist sich die Symbolkraft der gewachsenen Worte ebenso dort, wo sie eine Realität, wie dort, wo sie einen gedanklichen Vorgang bezeichnen: alles ist so erst im Wort erlebt, als ob es vorher und außerhalb nicht gedacht werden könnte, und glaubte man auch, dieser Gestalt hinterdrein eine Meinung abzugewinnen wie jener einen Bericht. Worte, die schon allen möglichen Verrichtungen und Beziehungen gedient haben, sind so gesetzt, daß sie das Ineinander ergeben, in welchem Ding und Klang, Idee und Bild nicht ohne einander und nicht vor einander da sein konnten. Wie dort ein Turm, ein Wald nicht war oder erst von diesem den Inhalt empfängt, den er nicht hatte, so ist etwa das Wesen des Reimes als das ›Ufer, wo sie landen, sind zwei Gedanken einverstanden‹, nun erst zugleich hörbar und sichtbar geworden. Auch hier wäre der Materialwert, wenngleich nur der angewandten Vorstellung, eher jener Reiz, über den die eingeborne Kraft der Sprache hinweg muß. Was sie von außenher fertig bekommt, verwandelt sie doch erst wieder in das Wort an sich, und sie verschmäht durchaus jene Voraussetzungen von Gefühl und Stimmung, die der gewöhnliche Leser eben darum für wesentlich hält, weil er sie als seine eigene Leistung, als sein Mitgebrachtes wiedererkennt. Was die Sprache aus sich selbst vermag, erweist sie im Satz einer Glosse, wo jenen die Beziehung auf den mitgebrachten Anlaß befriedigt, so gut wie im Vers, wo er seine Empfindung zu agnoszieren glaubt. Die äußere Verständigung ist das Hindernis, das die Sprache zu überwinden hat. Wo es ihr erspart bleibt, ist die Daseinsfreude, die sie sich selbst verdankt, reiner. Ich möchte, was sie sich in jenem höchsten Sinne der Eitelkeit ›einbildet‹, um es zu haben, an einer Strophe dartun, an der sich auch jenen, die es nicht spüren, wie kaum an einem andern Beispiel das Sprachwesen anschaulich machen läßt: die Möglichkeit des unscheinbarsten Wortes, das nur je einer Aussage gedient hat, sich zur Gestalt zu erheben. Es ist die Strophe des Gedichts ›Verlöbnis‹, in der die Paarung der Geschlechter zu tragischer Unstimmigkeit, als Mission des Weibes und als Funktion des Mannes, Wortgestalt erlangt hat: im Infinitiv der weiblichen Natur und im Finalsatz der männlichen, in der beruhenden Fülle und im entweichenden Rest.

Und seine Armut flieht von dem Feste,
daß sie nicht an der Fülle vergeh'.

Weibsein beruht in Wonne und Weh.
Mann zu sein rettet er seine Reste.

Welche Hast, die eben noch sich raffend Zeit hat, den Bürger in Ordnung zu bringen, verrät da schnöde die Natur, die eingebettet ruht zwischen diesen rapiden Versen der fliehenden Armut und der geretteten Reste. Wonne und Weh sollen sie nicht lyrisch verklären, darin ist scheinbar etwas von der vorausgesetzten Schönheit, die der Laie für den Wert nimmt. Sie sollen die Pole des weiblichen Wesens bezeichnen, und daß sie im eigenen W alliterieren, ist ihr Gedanke. Nun aber wird die Wesenhaftigkeit der geschlechtlichen Natur ihrer Zweckhaftigkeit gegenübergestellt: Fülle und Haltung, Entsagen und Versagen, Sein und zu sein – um wie viel länger währt doch dieses ›Weibsein‹, das verkürzte, als dieses ›Mann zu sein‹; wie bleibt jenes, verflüchtigt sich dieses und wie dürftig, wie weltabschließend, wie ›zu‹ ist diese Partikel, die in ihrer Zielstrebigkeit noch kaum je so zur Anschauung gebracht war. Und wenn er längst dahin ist, sieht man noch Weibsein in Wonne und Weh beruhn. Die schönen Stimmungen, die die Dichter von je haben und in eine Form kleiden, die sich vor den Leuten sehen lassen kann; die Lebensinhalte der neueren und ihre Eigenart, sie nicht ausdrücken zu können: das mag ja alles ungleich wertvoller und preiswürdiger sein. Aber auf dem Nebengebiet, wo ganz ungestört vom Geschmack der Welt die Sprache etwas mit dem Gedanken vorhat, muß so etwas doch etwas zu bedeuten haben.

Wie wenig sie hierbei auf die Stofflichkeit Bedacht

nimmt, deren vorhandener Reiz, sei es als Gefühlston, sei es als Meinungswert, ihr nur ein Hindernis bietet und nicht die Hilfe, der das Worthandwerk seine ganze Existenz verdankt, soll noch an zwei dramatischen Beispielen gezeigt sein, deren materielle Sphäre viel weiter als ihre geistige von dem Standort jenes Turms entfernt liegt. Bei Nestroy, einem jener seltenen Autoren, die den vielen, die sie kennen, unbekannt sind, gibt es winzige Zwischenszenen, wo ein Satz über die Bühne geht und mit einer Figur ein Milieu, eine Epoche dasteht. Läßt sich etwas Eindringlicheres, Zeitfarbigeres denken als jene Frau von Schimmerglanz, gefolgt von dem Bedienten in bordierter Livree, die nur mit der Weisung:

Sage er ihm: Nein!

ins Leben tritt (nachdem der ehrsüchtige Holzhacker mit der Frage, ob Euer Gnaden vielleicht um a Holz gehn, sich genähert hat), und die, wie sie aufgetaucht war, majestätisch wieder am Horizont verschwindet – eine Fata Morgana für den geblendeten Blick, der ihr folgt, um sich dann mit einem ›Das ist fatal!‹ in die nüchterne Wirklichkeit zu schicken. Ich möchte behaupten, daß diese Gestalt, die sich die vier Wörter, die sie zu sprechen hat, abringen muß, eben vermöge dieser Leistung von tieferher ins Bühnendasein eingeholt ist als eine abend-, aber nicht raumfüllende Ibsenfigur, und daß auch jener Bediente mit seinem auf Stelzen nachschreitenden:

Nein, wir nehmens vom Greisler

– wie nur ein standesbewußter und fächertragender

Peter hinter Juliens Amme – ein ganzes Stück Leben und Landschaft bedeutet, weil hier schon der Wortgeist verrichtet hat, was sonst in szenischer Ausführung erst mit schauspielerischen Mitteln bewirkt werden müßte. Und wenn in meiner Travestie ›Literatur‹ die Kluft vorgestellt wird zwischen jener ehrlichen Generation, die den Kommerz noch im Kommerz, zu der jüngeren, die ihn schon im Geist betätigt, so konnte sie als die weiteste Entfernung von einer neuzeitlichen Schwindelwelt nicht zu besserer Anschauung gebracht werden als in dem ›entfernten Verwandten‹, der von seinem Spieltisch nur manchmal einen erstaunten Blick in das Geistesleben tut und auf das Absurdum des leibhaftigen ›Waschzettels‹ mit der Frage reagiert:

Sie, wer sind Sie eigentlich, Sie Asisponem?

Wie der gesunde Menschenverstand richtet sich diese Verständnislosigkeit vor einem papierenen Scheinwesen auf, von dem sie dumpf ahnt, daß es auf einem Umweg zu dem gleichen Lebensvorteil gelangen will. Die Stimme klingt von weiter her, als dieser Verwandte entfernt ist – man glaubt die Luftlinie zu sehen. Hier ist die Unmöglichkeit, daß diese zwei Daseinsformen in demselben Weltraum vorkommen, in einem Naturlaut, der nach beiden Polen zurückschlägt, greifbar geworden. Gleichwohl dürften nicht wenige Leser meinen, daß die Wirkung der Stelle vom Jargonwort als solchem bestritten sein wollte, und sie, je nach Geschmack, komisch oder trivial finden. Die Körperhaftigkeit des Wortes, an dem man gemeinhin nur die eine Dimension der Aussage erkennt, ist immer in einer Unscheinbarkeit gegeben, die erst dem Blick, der über den Sinn hinauslangt, die tiefere Beschaffenheit darbietet, die Geschaffenheit, die Wortgestalt.

Die Sprache

Der Versuch: der Sprache als Gestaltung, und der Versuch: ihr als Mitteilung den Wert des Wortes zu bestimmen – beide an der Materie durch das Mittel der Untersuchung beteiligt – scheinen sich in keinem Punkt einer gemeinsamen Erkenntnis zu begegnen. Denn wie viele Welten, die das Wort umfaßt, haben nicht zwischen der Auskultation eines Verses und Perkussion eines Sprachgebrauches Raum! Und doch ist es dieselbe Beziehung zum Organismus der Sprache, was da und dort Lebendiges und Totes unterscheidet; denn dieselbe Naturgesetzlichkeit ist es, die in jeder Region der Sprache, vom Psalm bis zum Lokalbericht, den Sinn dem Sinn vermittelt. Kein anderes Element durchdringt die Norm, nach der eine Partikel das logische Ganze umschließt, und das Geheimnis, wie um eines noch Geringeren willen ein Vers blüht oder welkt. Die neuere Sprachwissenschaft mag so weit halten, eine schöpferische Notwendigkeit über der Regelhaftigkeit anzuerkennen: die Verbindung mit dem Sprachwesen hat sie jener nicht abgemerkt, und dieser so wenig wie die ältere, welche in der verdienstvollen Registrierung von Formen und Mißformen die wesentliche Erkenntnis schuldig blieb.

Ist das, was sie dichterische Freiheit nennen, nur metrisch gebunden, oder verdankt sie sich einer tieferen Gesetzmäßigkeit? Ist es eine andere als die, die am Sprachgebrauch wirkt, bis sich ihm die Regel verdankt? Die Verantwortung der Wortwahl – die schwierigste, die es geben sollte, die leichteste, die es gibt –, nicht sie zu haben: das sei keinem Schreibenden zugemutet; doch sie zu erfassen, das ist es, woran es auch jenen Sprachlehrern gebricht, die dem Bedarf womöglich eine psychologische Grammatik beschaffen möchten, aber so wenig wie die Schulgrammatiker imstande sind, im psychischen Raum des Wortes logisch zu denken.
Die Nutzanwendung der Lehre, die die Sprache wie das Sprechen betrifft, könnte niemals sein, daß der, der sprechen lernt, auch die Sprache lerne, wohl aber, daß er sich der Erfassung der Wortgestalt nähere und damit der Sphäre, die jenseits des greifbar Nutzhaften ergiebig ist. Diese Gewähr eines moralischen Gewinns liegt in einer geistigen Disziplin, die gegenüber dem einzigen, was ungestraft verletzt werden kann, der Sprache, das höchste Maß einer Verantwortung festsetzt und wie keine andere geeignet ist, den Respekt vor jeglichem andern Lebensgut zu lehren. Wäre denn eine stärkere Sicherung im Moralischen vorstellbar als der sprachliche Zweifel? Hätte er denn nicht vor allem materiellen Wunsch den Anspruch, des Gedankens Vater zu sein? Alles Sprechen und Schreiben von heute, auch das der Fachmänner, hat als der Inbegriff leichtfertiger Entscheidung die Sprache zum Wegwurf einer Zeit gemacht, die ihr Geschehen und Erleben,

ihr Sein und Gelten, der Zeitung abnimmt. Der Zweifel als die große moralische Gabe, die der Mensch der Sprache verdanken könnte und bis heute verschmäht hat, wäre die rettende Hemmung eines Fortschritts, der mit vollkommener Sicherheit zu dem Ende einer Zivilisation führt, der er zu dienen wähnt. Und es ist, als hätte das Fatum jene Menschheit, die deutsch zu sprechen glaubt, für den Segen gedankenreichster Sprache bestraft mit dem Fluch, außerhalb ihrer zu leben; zu denken, nachdem sie sie gesprochen, zu handeln, ehe sie sie befragt hat. Von dem Vorzug dieser Sprache, aus allen Zweifeln zu bestehen, die zwischen ihren Wörtern Raum haben, machen ihre Sprecher keinen Gebrauch. Welch ein Stil des Lebens möchte sich entwickeln, wenn der Deutsche keiner andern Ordonnanz gehorsamte als der der Sprache! Nichts wäre törichter, als zu vermuten, es sei ein ästhetisches Bedürfnis, das mit der Erstrebung sprachlicher Vollkommenheit geweckt oder befriedigt werden will. Derlei wäre kraft der tiefen Besonderheit dieser Sprache gar nicht möglich, die es vor ihren Sprechern voraus hat, sich nicht beherrschen zu lassen. Mit der stets drohenden Gewalt eines vulkanischen Bodens bäumt sie sich dagegen auf. Sie ist schon in ihrer zugänglichsten Region wie eine Ahnung des höchsten Gipfels, den sie erreicht hat: Pandora; in unentwirrbarer Gesetzmäßigkeit seltsame Angleichung an das symbolträchtige Gefäß, dem die Luftgeburten entsteigen.

Und irdisch ausgestreckten Händen unerreichbar jene, steigend jetzt empor und jetzt gesenkt,
die Menge täuschten stets sie, die verfolgende.

Den Rätseln ihrer Regeln, den Plänen ihrer Gefahren nahezukommen, ist ein besserer Wahn als der, sie beherrschen zu können. Abgründe dort sehen zu lehren, wo Gemeinplätze sind – das wäre die pädagogische Aufgabe an einer in Sünden erwachsenen Nation; wäre Erlösung der Lebensgüter aus den Banden des Journalismus und aus den Fängen der Politik. Geistig beschäftigt sein – mehr durch die Sprache gewährt als von allen Wissenschaften, die sich ihrer bedienen – ist jene Erschwerung des Lebens, die andere Lasten erleichtert. Lohnend durch das Nichtzuendekommen an einer Unendlichkeit, die jeder hat und zu der keinem der Zugang verwehrt ist! ›Volk der Dichter und Denker‹: seine Sprache vermag es, den Besitzfall zum Zeugefall zu erhöhen, das Haben zum Sein. Denn größer als die Möglichkeit, in ihr zu denken, wäre keine Phantasie. Was dieser sonst verschlossen bleibt, ist die Vorstellung eines Außerhalb, das die Fülle entbehrten Glückes umfaßt: Entschädigung an Seele und Sinnen, die sie doch verkürzt. Die Sprache ist die einzige Chimäre, deren Trugkraft ohne Ende ist, die Unerschöpflichkeit, an der das Leben nicht verarmt. Der Mensch lerne, ihr zu dienen!

Nachwort

Karl Kraus wurde am 28. April 1874 zu Gitschin in Böhmen geboren, kam aber schon als Kind nach Wien, wo er fortan sein ganzes Leben verbrachte. Dieses Leben war nicht reich an äußeren Ereignissen, da sich der Autor von seinem fünfundzwanzigsten Lebensjahr an, als er im April 1899 seine Zeitschrift ›Die Fackel‹ begründete, bis zum Tode geflissentlich jeder aktiven und parteipolitischen Anteilnahme an dem äußeren Leben seiner Epoche enthielt, um es Nacht für Nacht konsequent und fanatisch in die Sphäre des Geistes und des sprachlichen Kunstwerkes zu transponieren.

Da die Anlässe seiner Produktivität meistens klein und oft winzig erschienen und da er gleichzeitig die Symptome des Zeit- und Sprachverfalles rücksichtslos beim Namen nannte, war seine künstlerische Mission, die heute viel sichtbarer wird, als sie es zu seinen Lebzeiten war, vor allem in den ersten Jahrzehnten der ›Fackel‹ vielen Mißverständnissen und natürlicher Weise auch tödlicher Feindseligkeit ausgesetzt. Freilich darf man nicht übersehen, daß die ›Fackel‹ in den ersten Jahren kaum mehr als ein gesellschaftskritisches Dokument zu sein schien. Um jene Zeit ›bekämpfte‹ Karl Kraus die Korruption der österreichischen Monarchie, die archaische Weltfremdheit der Justiz seines Landes, die Cliquen und Klüngel des Wiener Literaturlebens, vor allem und immer wieder aber die gefährliche Wirkung der Presse. Und als 1914 Millionen Opfer zur Schlachtbank, auf das Schlachtfeld, geführt wurden, galt sein Kampf – wieder aufgezeigt an kleinsten Symptomen – dem Krieg. In jenen Jahren schrieb Kraus sein großes satirisches Weltkriegsdrama ›Die letzten Tage der Menschheit‹.

Schon damals freilich wurde dem einsichtigeren Leser klar, daß es dem Autor, so ernst und unbedingt auch seine sittliche Opposition und sein verzweifelter Aufschrei über die Entwicklung des Geschehens war, immer mehr und immer tiefer auf die sprachliche Gestaltung des blutnahen Erlebnisses ankam. Es war kein Zufall, daß gerade in jenen Kriegsjahren die ersten Sprachgedichte und die ersten Untersuchungen über Wesen und Bedeutung des deutschen Wortes entstanden. Je leichter und leichtfertiger die Zeitung mit der Sprache umging, um so tiefer versenkte sich Kraus in Tradition und Mysterien des Wortes. Und obwohl auch in der kleinsten und scheinbar alltäglichsten Tagesglosse die gleiche Kraft, Leidenschaft und fast erotische Besessenheit der Sprachbeziehung fühlbar und erkennbar ist, wurde durch jene theoretischen Untersuchungen ein neues Element dem auf den ersten Blick ephemeren Wort der ›Fackel‹ zugesellt. Hauptsächlich dieser Seite des Werkes von Karl Kraus – den Erkenntnissen über die Sprache – ist unsere Auswahl gewidmet.

Es ist erstaunlich, wie selten in der deutschen Literatur das Lebewesen der Sprache lebendig, also künstlerisch dargestellt wurde. Denn nicht von den akademischen Fachleuten sei hier die Rede; unter ihnen war es schon eine Errungenschaft, daß der Ästhetiker Carriere die Banalitäten Friedrich Theodor Vischers ad absurdum führte, der die Sprache schlicht als das ›Vehikel der Meinung‹ ansah, daß Volkelt oder Vossler tiefer schürften, als es der professoralen Tradition entsprach. Hatte doch selbst Jacob Grimm die These aufgestellt, das ›grammatische Studium könne kein anderes sein als ein streng wissenschaftliches, und zwar, der verschiedenen Richtung nach, entweder ein philosophisches, kritisches oder historisches‹.

Die besondere Bedeutung der sprachlichen Untersuchungen von Karl Kraus liegt nun meines Erachtens darin, daß neben diese philosophische, kritische und historische Betrachtungsweise die künstlerische getreten ist. Das ist das Fruchtbare und das Faszinierende an diesem Gestalter der Sprache über die Sprache. Es gibt in der deutschen Literatur kaum einen Kritiker, der gleichzeitig so sprach*schöpferisch* war, daß er die nüchternste grammatikalische Aussage, oft im leichen Satz und durch diesen, mit den lebendigsten Beispielen erhellen und gestalten konnte, daß der Blitz, den er schilderte, im selben Augenblick einschlug und das analysierte Elementarereignis des Donners in der gleichen Sekunde auch schon hörbar wurde.

›Nächtliche Stunde, die mir vergeht, da ichs ersinne, bedenke und wende, und dieses Leben geht schon zu Ende. Draußen ein Vogel sagt: es ist Tod.‹ Karl Kraus starb, nachdem er mehr als dreieinhalb Jahrzehnte Nacht für Nacht mit der Sprache gespielt und gerungen hatte, am 12. Juni 1936 im Alter von 62 Jahren. Der ›Stoff‹ seiner Anlässe ist heute in vielem vergessen. Aber jetzt erst wird die Erkenntnis klar, die er in seinem Aphorismus vorausgesehen hat: ›Was vom Stoff lebt, stirbt vor dem Stoffe. Was in der Sprache lebt, lebt mit der Sprache.‹

Heinrich Fischer

Bibliothek Suhrkamp

Alphabetisches Verzeichnis